驢友
自駕闖世界
南美篇

巴西、阿根廷、南極、智利、秘魯

COVID-19秘魯歷險記

推薦序

南美之旅

趙元旗 序

　　我因為在美國念過書並從事金融業，不同的時候有機會全球到處旅行，藉著語言(英語)及洽公的方便，從來不認為旅遊是件困難或冒險的事。

　　我與作者在民國80年因其轉換工作到當時尚未取得核准執照的大安銀行籌備處而認識至今，當年他35歲，工作年資已12年，育有二女，當時有家有累的人通常保守，而且當時政府的退休金制度是未到達退休年齡換了另一家公司工作，他原公司12年的退休金提撥是被原公司沒收的(即通稱勞退舊制)，在當時我就想"哇"這傢伙真有冒險的精神。

　　或許是天作之合，作者夫婦有著共同職場、共同嗜好-旅行-，在職場他們因為須排休且假期短以參團為主，退休後卻常在facebook欣賞到他們自駕自由行深度遊，足跡遍及中國大陸及日本，難免對他們有能力隨心所慾到處享受感到無限的羨慕和敬佩。

　　2020年10月，忽然收到他們原計畫南美6個月自由行卻在3月因Covid-19於祕魯戲劇性的歷劫歸來的書稿，希望我能就經常旅外之觀點賦予意見。沒想到一看了就深深的被吸引住，怎麼

可能我這兩位老同事，英文或西班牙文都不通，只靠中文在南美洲暢遊無阻，而且所花的費用少到不可思議的地步，加上有深度而且更還包括22天的南極郵輪之旅，路上又包括摔斷骨，搶劫，秘魯的Covid-19病毒戒嚴之經驗，最後仍然能在台灣秘魯辦事處的大力協助下回到最可愛的家。

　作者以其facebook紀錄遊記之經驗，鋪陳本書，因為自駕自由行故比參團或背包客更能貼近當地深度遊，人文、自然等景觀自有親身經歷豐富之處。

　我嘗問為何要去南美，語言不通、社情不安，他們說看過2007年「傑克·尼克遜」、「摩根·費里曼」主演的一路玩到掛(The Bucket List)，覺得人生就是要活得精采，不要留下太多的遺憾。有夢最美，有太多的夢要去追尋，逐夢征服了南美，何處不可行。

　綜觀通篇文章，他們逐夢不是一蹴就成，：
善用工具：網路APP時代。
準備：一個志同道合、分工的團隊。
最後：仔細的規劃、必要的準備、衝動的心、老天爺的庇佑。

看完本書唯有「**心動**」二字，**心動不如行動，願以行動二字與讀者共勉之。**

作者序

在秘魯警車的護送下，
我們衝破南美封鎖線！

2020年的3月，南美洲爆發新冠肺炎，秘魯16日緊急宣佈鎖國戒嚴。3月13日，我們以朝聖的心情自利馬往馬丘比丘前進，半途上在3月16日卻受困於秘魯的卡馬納小鎮。卡馬納小鎮每平方公里不到十人，距離首都利馬將近一千公里。

就在前一天我們才剛慶祝完兩人的生日，在納斯卡的天空翱翔，看著印加文化的大地神秘圖騰，慶祝我們又完成了一項重要世界遺產的成功造訪，接著隔天秘魯政府突然宣布同時封鎖陸海空，全國進入戒嚴時期，全部的人都被迫凍結在路上。我們卡在卡馬納小鎮吃住暫時無憂，但隨著疫情日益擴散及失控，尤其又從網路得知國內有媒體傳播有關我們滯留不歸的不實訊息，大家心情都盪到谷底。

我眉頭緊鎖的刷著網路新聞，身邊的老婆咳嗽不止，肺部整晚都在燃燒。老婆的身體非常虛弱，吃了感冒藥未見好轉，症狀像極新冠肺炎。看著憂心忡忡的老婆淚流滿面撰寫的遺書，我心疼到無法自拔。

我們一直透過不同的管道申請路權，但是沒有得到回應，老婆的感冒藥也快吃完了。正考慮是否要把老婆的病況向相關單位通報尋求協助時，就在我們最絕望的一刻，我們接到天大好消息，連日透過駐秘辦事處求助，3月21日終露曙光。

駐秘辦事處在台胞管道的多方委託下，幫我們協調由秘魯一級警備總部護送我們返回利馬的計劃。但是此計畫風險重重，因為我們還沒有取得軍方路權，有可能在路上會被軍方攔截而觸犯秘魯的戒嚴法規。

為避免夜長夢多，僅僅一個小時大家打包完畢，在警車的護送及監督之下，花兩天時間由卡馬納殺回利馬。我們兩台自駕租車在秘魯的公路上衝刺，追趕秘魯晚上八點的宵禁，警車緊跟在後。警察一路換班接替，一路下來我們換了七八組的警方人員，每一個關口我們被拍照記錄，每個路口都有軍方荷槍實彈把關著。駐秘辦事處的人員也跟我們手機連線，任何問題可以隨時提供協助，這次特別感謝他們的照顧。

終於回到利馬等待政府協商撤僑專機，專機時刻一延再延，期間我們又遇上住宿點持槍搶劫，整個撤離過程充滿焦慮與不安。這中間每天都有壞消息，各國紛紛鎖國、撤僑、病情失控、戒嚴延長、各國經濟受損嚴重、秘魯光醫生有100多人隔離，十幾人確診，他們的醫護人員缺乏這種特殊經驗，疏於防護，整個醫療體系陷入困境。

＿＿＿＿＿＿＿＿＿＿＿＿ 作者序

我們很幸運能搭上3月28日的撤僑專機，花了三天時間經邁阿密、洛杉磯，得以返台，雖然一路上大家一直提醒搭飛機風險性很高，但無論如何返台對我們來說是最安全的，台灣的各項醫療畢竟比國外完善太多了，全程機上我們加強防護，穿雨衣、戴手套、口罩、我們還自製了保護面具，儘量不碰飛機上的餐食，減少去廁所的機會，用酒精消毒。身心的煎熬在返回國門的那一刻，感動到想哭，有著重新活過一次的感覺！

我是一位生活平淡，規律，安逸的銀髮族，但是這趟南美之旅觸動我失聯已久年輕驛動的心，讓我重新檢視生命，找回對生活的熱情與衝動。我以為南美治安兇險、語言隔閡麻煩、交通不便，但是這一趟旅行讓我發現原來南美這麼適合自由行，太值得探索了！

希望透過這本書紀錄我們的旅程，可以打破讀者對南美的迷思，帶著讀者了解真正的南美。

目錄

第一章：
打破南美迷思

P. 10~13

第二章：
我們的南美故事如何開始的？
南美七國自由行及南極郵輪之旅如何五天定案!

P. 14~17

第三章：
為什麼要揪團自由行？

行前準備篇!

P. 18~27

第四章：
自駕遊的優勢

P. 28~31

第五章：
團友在「巴西」咳嗽不止怎麼辦！
打破迷思：南美醫療體系非常落後，小感冒恐治成重病！

P. 32~79

里約：奔波科帕卡巴納海灘大街，用Google搜尋藥房

聖保羅：在盧茲車站搶救老婆的 iPhone

伊瓜蘇：空拍世界自然遺產，伊瓜蘇瀑布

第六章：
在「阿根廷」被陌生人潑黑色髒水怎麼辦？
打破迷思：全世界最危險的城市都在南美洲！

P. 80~137

布宜諾斯艾利斯：漫步於探戈舞之都，團友遭黑水突擊

圖庫曼：挑戰長途巴士，遇上警察臨檢

普爾馬馬卡村：進攻阿根廷西北，在十四色山與駱馬自拍

蒂爾卡拉：體驗印加文化與古蹟

卡法亞特：在葡萄樹下來一杯白酒

第七章：
我們在郵輪上享受免費的「南極」冰川美景，
能同時享用郵輪上豪華的美食與設備嗎？
打破迷思：搭一次郵輪就破費，要自備泡麵充飢？　　　　　　　P. 138~219

第一次搭郵輪：認識手上那張船票的力量

蒙德維的亞：走訪「烏拉圭」首都

福克蘭群島：在草叢堆尋找麥哲倫企鵝寶寶

南極洲：甲板上欣賞冰川

烏蘇懷亞：在世界的盡頭寄明信片回家

卡斯楚：童話般的「智利」奇洛埃群島風情

第八章：
旅途中「智利」發生暴動怎麼辦？
打破迷思：南美政治局勢動盪，到處縱火搶劫！　　　　　　P. 220~255

聖地牙哥：智利首都的大教堂被示威者塗鴉

復活節島：老婆在復活節島摔傷了！復活節島有醫院嗎？

第九章：
差點開上「秘魯」死亡沿海公路，怎麼辦？
打破迷思：南美道路基礎建設落後？　　　　　　　　　P. 256~297

卡拉爾：在死亡沿海公路差點被警察開罰單

利馬：融合印加色彩與西班牙天主教文化的神秘首都

帕拉卡斯半島：沙漠與海洋的交界

伊卡：見證綠洲中的婚禮

納斯卡：尋找那斯卡線的圖騰

第十章
秘魯驚魂記！

秘魯政府突然宣布戒嚴，住宿遇到持槍搶劫!?

P. 298~313

第十一章：結語

P. 314~317

第一章：打破南美迷思

「尋訪南美洲與南極，一個月平均花費不到 7 萬新台幣，你相信嗎？」

－ 老婆

如果你正在閱讀這段文字，代表你對南美洲的馬丘比丘、亞馬遜森林、彩虹山與天空之鏡有好奇心甚至懷抱憧憬。不要讓大眾對於南美的迷思阻礙你實現夢想！

迷思一：
南美的治安危險，隨時可能遇上搶劫，運氣不好命都沒了！

迷思二：
南美的交通落後，所以我只能跟團。但是跟團又太貴，所以我這輩子幾乎去不了南美！

迷思三：
南美以西班牙文為主，語言溝通不便，容易受騙！

打破南美迷思

現實一：南美與歐洲的街頭一樣的瘋狂。

巴黎的街道有小偷，如同里約熱內盧的巷口有扒手。只要你出了台灣，都有治安及溝通風險，但做好準備提高警覺就可以降低危機。

現實二：南美基礎建設普及化，自由行旅費合理。

南美跟台灣一樣，有捷運、公車、計程車、火車。我們路程的道路多已媲美台灣省道及國道且屬於右駕，習慣在美國、大陸自駕遊的旅客，不妨試試南美自駕行。

整齊寬敞的南美市區

最重要的是，六個月尋訪南美洲與南極新台幣40萬元有找。老婆聽完揪團自由行說明會，興致沖沖的向我說南美自由行3個月20萬，她決定參加。當下我真的不信。南美是非誠勿擾的淨土，座落於地球另一端的古文明，一般旅行社南美團一個月60萬起跳！尤其我們最後確認的行程，六個月的深度自由行預算只要40萬比一個月跟團打七折還便宜，且包含了22天的遊輪，及我作夢都不敢妄想的南極洲！我不是在做夢吧？

南美洲旅遊方式比較表(不含南極郵輪巡航22天)					
	參團	自由行			
評估項目		背包客		糾團自駕遊(註1)	
	高 低	高	低	高	低
費用	√(註2)		√		√(註3)
體能負擔	√	√			√
交通耗時	√	√			√
行程彈性	√	√		√	
景點選擇廣度	√		√(註4)	√	
景點旅遊深度	√	√		√	
風險應變能力	√		√	√	

註1：建議人數6-8人，小車2輛。
註2：南美團旅行社團費每人約當NT20,000元/天。
註3：南美67天自駕團費每人約當NT2,300元/天(含Easter island行程及所有機票食宿)。
註4：受限於使用大眾運輸交通工具為主。

打破南美迷思

本次旅遊因為新冠肺炎中途返國，實際上花費將近 30 萬，3個月，拜訪南美半部曲與南極。除此之外，南極的特殊郵輪旅程導致交通費用格外昂貴，如果嚴格分開南美洲與南極的費用，本次南美旅費甚至更低。

現實三：南美人熱情親切，就算語言不通，Google翻譯搞定。

無論是點餐、問路、買藥、拜託警察不要開罰單，用谷歌翻譯就對了！

第二章：
我們的南美故事如何開始的？
南美七國自由行及南極郵輪之旅如何五天定案！

老婆高中的時候在電視上看到南美天空之鏡的照片，因此萌生想要探索南美的夢想。一轉眼，老婆正在享受退休生活，女兒已成家立業。老婆已經放棄拜訪天空之境的夢想，因為天空之境太遙遠，旅行社團費太貴...

「南美六國與南極」自由行的背後故事就從國光兩美女（熱心助人的女人最美麗）慨捐助200元開始的...

2019年7月26號，老婆在朋友邀約下擬參加紐西蘭揪團自由行行前說明會，出門後在國光客運基隆站上車前，才發現錢包及各類卡片都沒帶，回家去拿也來不及了，原想放棄回家，回頭一看站內有兩位美女正在熱心的提供服務，鼓起勇氣說明狀況，原本想借200元但馬上就獲得2000元的支持，當下還好有手機轉帳功能,感謝兩位美女，沒有她們絕對沒有後續的精彩故事。

主揪是資深自由行專家，當天她共要主持（1）紐西蘭自由行，（2）南美自由行2案。老婆順利到說明會上認識了本書南美之旅的主揪。南美是她的追夢之旅，歷經多年收集資料及計畫，預算20萬3個月內遊遍南美，行程大方向已喬定，自組成團的團員也已定案。

老婆在當場聽了很激動,馬上起心動念轉目標紐西蘭為南美,表達她個人加入團隊的意圖。其實接受新團員對主揪來說是很大的考驗,老婆顯示出歷年大陸自由行的功力,最終獲得主揪答應入團。

老婆當天回到家滔滔不絕的與我分享這個機會,要求我陪她一起去南美冒險。我當下意願不大也對她參加表示不妥,因為對於南美的治安形象、基礎建設、語言隔閡、自由行的費用等極度懷疑。但是老婆不懈的在耳邊撈叨:

「我們自己揪團,總共七位大人自由行,路上誰敢欺負我們?安啦!」
「如果覺得自由行依賴大眾運輸很麻煩,我們自駕遊不就好了?」
「都什麼年代了,哪有語言隔閡!用手機翻譯 app 就可以溝通。」
「自由行的費用合理,主揪都幫我們算好了啦!」

我還是猶豫不決。老婆幽幽的丟下一句話。

「大家年紀不小了。你不陪我去,可能這輩子再也沒機會去南美玩囉!」

這句話動搖了我,因為我知道老婆說得對。當晚老婆立即連絡主揪和表達我多次大陸自駕游能夠勝任車夫,最後同意我也加入南美團隊。

7/27：主揪line通知加入智利到阿根廷的郵輪，時間延為4個月。

7/28：主揪line通知，郵輪改阿根廷-南極-智利。南極又是另一個夢幻之旅，當天早鳥船票就訂了。

7/29：主揪line分組討論，大家同意6個月一次玩到掛。

7/30：8人今天佔領伯朗咖啡，2019/12/31出發，2020/06/15回家。

我們五天完成來回機票的下單與郵輪船票變更，南美之夢就此成形。

回想起來真是不可思議。若這個過程少了一點衝動與堅持，就沒有接下來更精彩的橋段及故事。
下個章節我會與讀者詳細說明"揪團自由行"與"自駕遊的優勢。

佛心的國光客運女士

第三章：
為什麼要揪團自由行？
行前準備篇!

這次南美之旅我們拜訪了南美六國與南極，探索二十座以上的城鎮，入住二十七間青旅、飯店與民宿。交通方式混合租車、郵輪、大眾運輸。大家為了圓夢籌備了將近半年。如果沒有給力的團友，一個人無法完成這麼多的規劃。

揪團自由行第一大優勢是人手多容易分配行前準備的工作。建議讓每位團友負責一項行前準備的安排（例如：簽證、住宿等）與一個南美國家的路線。揪團自由行第二大優勢是人多彼此得以照應，可以將行程規劃的很有彈性，深度之旅而非走馬看花。

✕ 南美簽證

南美各國簽證規定不同，出發前請注意各國最新規定。如搭乘郵輪，一般來說簽證會由遊船公司保證。

國家	簽證方式	申請地點	申請管道
巴西	紙本	台灣	在台辦事處
阿根廷	紙本	台灣	在台辦事處
烏拉圭	N/A	N/A	郵輪公司保證
福克蘭	免簽	N/A	N/A
智利	免簽	N/A	N/A
祕魯	免簽	N/A	N/A
南極洲	南極位於公海，不屬於任何國家，因此入境南極理論上不需要簽證但是入境南極的管道非常有限，旅客必須從特定的「間接國家」搭乘郵輪或飛機前往南極。**因此去南極須準備「間接國家」的簽證。**		

 必備證件

出國證件正本、備份及使用場合				
證件/資料	正本隨身攜帶出國	備份		
		備份方式		備份使用場合
		紙本	手機存檔	
身分證			✓	備而不用
護照	✓	✓	✓	(1)住宿登記 (2)景點門票優惠
簽證	✓		✓	備而不用
防疫注射證明 (如黃熱病)	✓		✓	於國外辦理簽證用
國際駕照 (汽車)	✓	✓	✓	公路警察、關卡有時會隨機攔路檢查, 攔檢用 (不要馬上把正本交出去, 避免受制於人)
國際駕照 (機車)	✓	✓	✓	攔檢用 (不要馬上把正本交出去, 避免受制於人)
電子機票	Email		✓	(1)於國外辦理簽證用 (2)電子櫃台check-in 需要機票號碼
Booking Confirmation (租屋)	Email		✓	於國外辦理簽證用
Booking Confirmation (租屋)	Email			備而不用
照片1吋 & 2吋	✓			於國外辦理簽證用
信用卡	✓		✓	備而不用

✪ 手機必備軟件、網站

飲食達人：大眾點評　　語言小幫手：Google 翻譯　　必備地圖：Maps.Me　　Google Maps

租車app：99　　　　　　Uber　　　　　　　租租車
(適用於巴西)

巴西公車票訂購網站
https://www.buscaonibus.com.br/

✪ 其他推薦工具

1. 煮水壺：
　因為民宿提供的煮水壺不一定乾淨，且泡麵、咖啡好用。

2. 燜燒罐：
　燜湯、煮飯皆宜，節省時間。

3. WALK MAN
　對講機，跟車好用。

✪ 自駕必備「網路

長途自駕建議事先購買網路卡，因為自駕需要長期開導航，將使用大量的網路流量。每個南美國家應配備一張獨立的網路卡，因為市面上目前沒有通用南美的網路卡。網路卡可以出發前在台灣購買。如果一張網路卡不夠用，可以找當地的電信公司購買，價格有時候比台灣購買的網路卡更優惠。

遊南美最推薦的 網路卡電信公司:	Entel
遊南美最推薦的 網路卡購買渠道:	透過蝦皮購物平台, 購買「全球通」類型的網路卡

一般購買網路卡的流程為：

1.在電信公司購卡
2.在超市儲值
3.選擇購買方案，用手機簡訊回撥客服電話（客服人員講西班牙文，建議請當地人幫忙操作）

所有網路卡在開通後都有使用天數及流量上的限制，可以選擇適合自己的方案。除了網路卡，別忘了有wifi的餐廳也是你的旅遊好夥伴！

✦ 我們如何選擇觀光交通工具

非自駕區景點 (主要城市) 例:巴西里約、 智利聖地亞哥市區等	依照安全、方便、時間因素為優先次序原則, 我們推薦: 1.步行 2.Uber* 3.捷運 4.巴士* ***多人分攤Uber車費相當划算 *搭巴士容易消耗時間與體力, 所以列在最後**
自駕景區、遠距景區、 環線景點 例:阿根廷西北高原、 祕魯馬丘比丘	應盡量避免長途過夜自駕, 可以選擇長途過夜巴士。 

✦ 選對住宿原則

原則	原因
住宿區域治安	避免老城區(可能為貧民窟), 利用網路查詢區域之風險評語
住宿點評	研究網路上使用者對住宿點的 評價
白天看房	白天比較容易審視周遭環境, 避免倉促選擇
近超市、餐廳	出入、生活機能方便

✮ 刷卡還是付現？掌握南美貨幣策

遊南美應準備美金、當地貨幣、
與信用卡混合使用來分散風險。
以下整理出貨幣兌換地點、匯率
比較、信用卡使用原則：

國家	美金兌換		付款方式		
	幣別	兌換地點	現金	信用卡	備註
巴西	BRL (里拉)	Cambio 民間兌換店匯率佳	✓	備註	出國前記得申請國外消費免手續費或有回饋之信用卡, Visa及Master各一張最好。
阿根廷	ARS (披索)	Cambio 民間兌換店匯率佳	✓	備註	為避免攜帶大額美金及後續美金現金可能不足之風險, 建議刷信用卡之原則如下： (1)以美金計價之消費付款, 如機票或booking等住宿預約。
智利	CLP (披索)	Cambio 民間兌換店, 匯率差異不大	✓	備註	(2)其他如UBER超市、加油等, 避免找零或付款掏現之風險。
祕魯	PEN (索爾)	銀行兌換	✓	備註	(3)所在地如果幣值貶值嚴重就不適合刷卡
烏拉圭	UYU (披索)	沒有換	備註		半日遊, 當地用餐願意收美金, 沒有兌換。

✪ 旅遊保險

旅遊保險是我們的守護者，在秘魯撤僑時，因爲包機費用每人6萬保險公司會出險，所以我們第一時間就報名。假設沒有保險給付，高額的機票也會令我們猶豫，如果因爲一時的猶豫至今還滯留在秘魯，後果不堪設想。非常感謝全球保險公司提供本章節的資訊。

✪ 推薦旅遊保險

推薦旅遊保險

旅遊平安險 ：保護人身安全及海外醫療 （ 意外身故、意外傷害醫療及海外突發疾病醫療能保險給付、急難救助服務等 ）
旅遊不便險 ：保障如飛機延遲取消，行李遺失等。

備註1：這兩種險不一樣，後者旅遊不便險只有產險公司可以販售，壽險公司不販售旅遊不便險。

✦ 投保三大重點 出國旅遊玩的更安心

1.海外就醫昂貴 可加保海外突發疾病醫療附加條款

旅平險除了基本意外險外，附約建議加保包括傷害醫療，以及海外突發疾病就醫的保險。

在海外生病了，只要不是因為意外（如跌倒、車禍等)造成的，如果沒有加保海外突發疾病健康險此附加條約，一般保險公司不會理賠的。

以傷害醫療保險來說，在國外若不小心發生意外，導致燒燙傷、扭傷，重則要動手術，這類因意外而產生的住院醫療行為，可由傷害醫療保險金理賠，降低不在預期內的醫療花費。

2.緊急醫療轉送 選擇投保有提供海外急難救助服務

每趟旅行希望是快樂出門平安回家，但途中還是充滿了未知數，對於海外意外事故或突發疾病是難以預防及避免，選擇投保有提供海外急難救助服務的旅平險，在遇上突發狀況時，可立即向保險公司提出救援申請。

3.留意保險空窗期 刷卡買機票附的旅平險有限制

購買旅平險前，有些人會問，刷卡買機票有附旅平險，為什麼還要另外跟保險公司買旅平險？信用卡附贈的旅平險，多是指搭乘交通工具時的意外險，也就是搭飛機期間的保險，又稱飛安險，一旦飛機落地後，在當地所有的意外醫療狀況就不在此保險範圍內，而且部分信用卡附贈的旅平險，只保本人，沒有

一般信用卡刷卡平安險的保障範圍：
(1)保障範圍僅旅行平安險及旅遊不便險
(2)通常保障公共運輸工具期間旅行平安保險（不含郵輪）
(3)不便險保障範圍有限(例：班機延誤通常不含起飛地點)

缺點: 缺乏醫療保障及海外突發疾病健康險

另外向保險公司購買的旅行平安險，則是能提供整趟旅行的保障，意外傷害疾病醫療都可以進行理賠。

4.旅行社投保便利，但是保障有限

有些旅客會選擇直接委託旅行社投保，省時方便。但是旅行社投保依政府規定需幫旅客投保意外險200萬、意外醫療險3萬，缺點是除意外險保額不足外，也缺乏海外突發疾病健康險。

旅遊平安險：向健保申請給付通過後，部分單據正本取回才能向保險公司申請意外險。

以老婆為例，本次申請理賠的平安險項目為：

復活節島跌倒，地區醫院看診
聖地雅哥地區藥局處方購藥
卡馬那地區藥局購藥
回台基隆部立醫院門診
回台基隆部立醫院醫囑購充電式復健熱敷袋

為什麼要揪團自由行? 行前準備篇!

當時老婆在復活節島摔傷右肩，我們立即找了當地醫院處理。根據當地醫生診斷，老婆的骨頭無斷但是有挫傷及內出血，醫生開了消炎藥處方籤並提供吊帶穩定傷臂。我們夫妻回台居家檢疫完畢後，老婆到骨科照 X 光，發現有骨折，需要在台灣持續用藥並做復健。很慶幸我們有旅遊平安險的醫療補助，目前健保賠賞約3000台幣，保險公司約7000台幣，共理賠10000元。

旅遊不便險：
這次非常幸運沒有使用到行李損失險。一般行李遺失必須報案並列清單給當地警方，事後才方便理賠。建議讀者事先把最貴重的行李列成清單（證照、信用卡、手機、相機，列出產品名稱、品牌、型號、翻譯名稱等列表存檔），含拍照留底。

以老婆為例，本次申請理賠的不便險項目為：
秘魯戒嚴，滯留於卡馬納的6天住宿費用
撤僑過程中，因原訂包機延遲，取消班機之費用
撤僑包機費用
抵達台灣桃園機場，政府規定的防疫包車車資

我們本次投保，旅行平安及不便2種保險，2人保費共約1萬元，理賠總金額為12萬，證明旅遊保險實在太重要了！

第四章
自駕遊的優勢

本次旅遊在秘魯長租23天車我們七人透過租車平台（租租車）租兩輛小型車（五人座，1600 cc）。我們有開過Buck、Renault、Toyata，車齡與車況都不錯。

以下為自駕遊四大優勢：

1.大眾運輸費時費力，在國外的時間與體力都非常珍貴。
一般自由行依賴大眾運輸不成問題，但是南美這麼大，景點之間的距離不容小覷。長期搭乘大眾運輸會造成身體疲憊。除非你願意乘坐十五鐘頭的過夜大巴，長期忍受劣質的睡眠品質，我誠心建議你選擇自駕遊。

2.各國基礎建設普及化，21世紀自駕遊更方便。南美跟全世界一樣有高速公路！

3.透過自駕遊拜訪團體不走的私房景點。

跟團只會去大標的景點，不會去阿根廷西北部、智利普孔、秘魯私密景點。另外，跟團每個景點的停留時間都非常短暫。我們自駕遊在巴西去了二十八個景點，但是跟團最多只會去四個景點。

最後，自駕遊路上會奇遇各種南美動物，這都是自駕遊才會有的享受。

城市內自由行混合當地導遊帶路 + 城市外自駕遊
= 旅遊ＣＰ值首選

✗ 租車重要 Checklist

√有效國際駕照

√有效本國駕照

√護照、信用卡

√提前與出租平台確認年齡下限、駕駛執照發照日期限制等。

✦ 推薦租車平台：租租車

比較眾多平台之後，我們給租租車最高評價的三大原因：

1.客服人員會講中文！

租租車是大陸平台，語言溝通無障礙，比較容易處理問題。記得我們在秘魯遇上疫情被迫撤僑，需中途還車，但是原本的租車條款沒有退款的彈性。因此我們聯繫租租車的客服人員，與他解釋我們的處境，對方願意幫我們向相關單位爭取退款。客服人員後續與我們電郵聯繫跟進情況，服務態度非常專業。我們回台灣不久就收到退款了。還是用中文好溝通啊！

2.條款清晰，租車有保障

某些租車平台會在條款內容設陷阱，要小心提防。

原本我們出國前已透過某外國租車平台預約在布宜諾斯艾利斯取車，價格我們也認為合理，並且付了訂金。但在旅程第一站巴西我們又重新仔細檢視英文合約，發現它有里程限制(十天，2000公里，每逾1公里要付5.2美元。)依計畫我們要跑4000公里以上，逾2000公里要多付至少美金10,000(台幣300,000)，嚇死我們了！因此我們直接放棄訂金。

這個事件提醒我們合約要看清楚及了解，也讓我們後面祕魯二十三天租車選擇中文平台租租車，除了合約看得清楚，他還有中文客服，直接溝通也幫我們爭取祕魯中斷旅程的費用退還。

3. 沒有額外費用

某些租車平台的車險比租車費貴，相當坑錢。租租車的租車費包含車險，是我們在市面上看到最合理的價錢。

──────────── 自駕遊的優勢

備註：南美當地的租車公司租車費合理，值得嘗試。記得我們在阿根廷圖庫曼省與當地租車公司租車，2輛小車10天總共NT26,000，條款沒有里程限制。

✦ 實用 app / 工具

無線對講機 Walkman
方便車與車之間即時溝通
南美訊號不良的地方很多，建議大家離線地圖與線上地圖搭配使用。

推薦離線地圖：Maps.Me

Maps.Me是眾多自駕遊旅客的首選，雖然它道路信息沒有Google Map完整，但是軟件內可以安排行前計劃與備註，非常方便。

推薦線上地圖：Google Map
Google Map道路資訊詳盡，但是到沒有網路的地方必須下載Google Map離線地圖。可惜Google Map離線地圖有區塊上的限制，偶爾會遇到沒辦法開啟地圖的情況。

第五章：

團友在「巴西」咳嗽不止怎麼辦！

打破迷思：南美醫療體系非常落後，
##　　　　　　　小感冒恐治成重病？

Brazil
巴西
República Federativa do Brasil
2020 01/01~01/13

* * * * * * * * * * * * * * * * * * *
旅行花費清單
* * * * * * * * * * * * * * * * * *

行程細項	花費
飲食	$550
住宿	$7,029
交通費	$692
景點門票	$1,008
紀念品	$0
醫藥費	$0
雜項	$86

* * * * * * * * * * * * * * * * * *

總計	**$9,365**
天數	12天
平均一日花費	$780

* * * * * * * * * * * * * * * * * *

巴西雷亞爾 (BRL)	R$1,641
美金 (USD)	$318

* * * * * * * * * * * * * * * * * *

里約
Rio de Janeiro：
奔波科帕卡巴納海灘大街，
用Google搜尋藥房

籌劃5個月的自由行終於要出發了！

169天的南美洲、南極洲圓夢之旅。

我們從台北桃園出發，先抵達美國洛杉磯機場跨年。在美國休士頓轉機之後，終於到達巴西里約！

APROVEITE O RIO
ENJOY RIO

BEM-VINDO AO BRASIL

我們住在科帕卡巴納海灘邊，四房一廳的民宿，從民宿走路三分鐘就可以看見海！

里約是巴西第二大城市，僅次於聖保羅。里約是巴西的舊首都，也曾是葡萄牙殖民者被拿破崙侵略時的流亡首都，直到1960年巴西首都遷至巴西利亞。里約的街頭充滿色彩鮮豔的塗鴉與抗議藝術，反映南美社會運動的風氣。

科帕卡巴納海灘
Copacabana

科帕卡巴納是著名的海灘，至從2005年是FIFA沙灘足球世界盃的場所，巴西每年跨年煙火也在此舉行。我們在海灘看到令人羨慕的南美日常，住宅區隔壁就是沙灘，居民一出門就可以玩沙灘足球。

巴西 . 里約

和巴西壯漢拍照很開心!

玉米筍是熱門的街頭小吃,搭配
奶油吃。

漫步在海灘不久，團友因爲長途飛行的操勞開始咳嗽。我們透過 Google 地圖尋找最近的 Farmacia（藥局），並用 Google 翻譯向當地藥師敘述症狀。

藥師配給團友咳嗽糖漿之後，團友快速痊癒。原來普通感冒可以依賴南美當地藥材！

巴西.里約

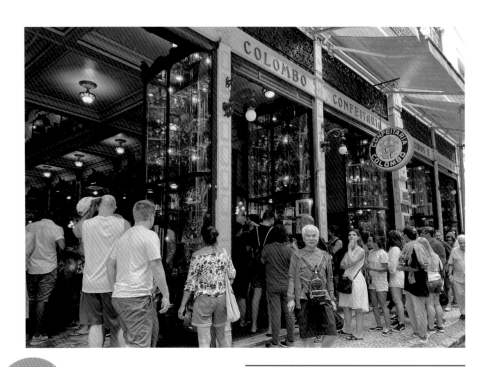

世界10大最美咖啡館之一：哥倫布甜點店
Confitería Colombo

咖啡館二樓有橢圓形的彩色玻璃天窗

哥倫布甜品店如同台北的明星咖啡館，曾經是巴西知識份子、政治家、作家與藝術家的集散地。巴西鋼琴家Chiquinha Gonzaga、詩人Olavo Bilac、前財政部長Ruy Barbosa都拜訪過此咖啡館。

世界十大最美圖書館之一：
皇家葡萄牙文閱覽室
Real Gabinete Portugués de Lectura

1837年，一群葡萄牙移民與政治難民在里約成立葡萄牙文學會，希望在巴西宣導葡萄牙文化，最後經政府支持成立皇家葡萄牙文閱覽室。閱覽室的外觀雖然不起眼，像普通社區教堂，但是內部令人驚艷。

這座圖書館有超過35萬冊文獻，匯集18世紀的葡萄牙文書。
閱覽室屋頂有吊燈和鍛鐵天窗，紅色、白色和藍色的花窗玻璃非常美麗。

天梯教堂
Rio de Janeiro Cathedral

天梯教堂它是一個顛覆傳統的造型，從外觀看不出來是教堂，水泥結構塔頂屹立著一個十字架，就是這簡單的十字架彷彿印證了天梯教堂的身份。我們從外參觀拍照來驗證它的獨特。

巴西．里約

塞勒隆階梯
Escadaria Selarón

這座彩色的階梯原本是貧民窟的水泥台階。本土藝術家喬治塞勒隆用回收的磁磚加以彩繪並改造階梯,如今成為里約的重點地標,經常在時尚雜誌出現,也是美國饒舌歌手Snoop Dogg 的MV拍攝場景。

巴西國家歷史博物館
Museo Histórico Nacional

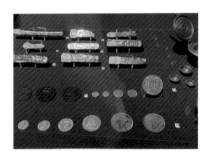

拉丁美洲最大的錢幣收藏就在這裏。

更讓我驚豔的是這些古董車！

巴西市立劇院廣場
Praca Alagoas

這座廣場靠近市立劇院、國立美書館與市議會。

站在廣場上可以一次盡收三棟歷史建築。

廣場上的雕像紀念伊莎貝爾公主,伊莎貝爾公主於十九世紀在巴西掌權,最大的政績是解放巴西奴隸。

後面的糖麵包山是否像一塊鄉村麵包咯？

糖麵包山
Pan de Azúcar

糖麵包山是俯瞰里約的最佳觀景台。

到山頂搭纜車！

在山腰上的房子就是
他們的貧民窟！

纜車上可以對望基督山，耶穌正站在雲
端上。

與熱情的巴西青年們來一張..

知名打卡點 ： 電報石
Pedra Do Telégrafo

這顆網紅石頭吸引全世界的遊
客拍照。抱著岩石拍照會呈現
從懸崖掉落的錯覺。

巴西．里約

下方就是亞馬遜河的出海口與大西洋的交接處！

網紅景點人多又曬，我們最
後放棄排隊。雖然沒有拍到
照片，欣賞別人拍照也是一
種樂趣！

入山口遇上騎車上山的熱情
山友！好強ㄚ！那路連走都
不是很容易且好陡！

記得與基督像借位攝影，來個溫暖的懷抱！

世界七大奇蹟之一 ： 基督像
Cristo Redentor

巴西是世界上天主教徒最多的國家。基督像建於1931年，是巴西最著名的地標也同時是可容納150人的天主教教堂，紀念巴西從葡萄牙獨立100周年。基督像聳立於科科瓦多山頂，遠觀如巨大的十字架漂浮在空中！

老婆買到基督像紀念品。

我們排了半個多小時才買到票, 果然是熱門景點!

兩個花甲少年很開心以為可以買基督山上山優惠票, 便宜很多, 孰不知到窗口才知只適用本國人。

私房景點：拉季公園視覺藝術學院
Escola de Artes Visuais do Parque

這座白色豪宅竟是視覺藝術學院與校園咖啡廳！視覺藝術學院的前身是巴西著名實業家 Henrique Lage 的故居。Lage 創建了國家航空公司，是巴西的第一家飛機製造廠，對於巴西的工業化有很大的貢獻。

視覺藝術學院校門外有很多漂亮的塗鴉, 這裏經常舉辦不同的展覽。

拉季公園視覺藝術學院位於基督像科科瓦多山腳下，公園的自然步道通往基督像的登山步道。

從粉紅色的展廳可以看到基督像。

聖保羅
São Paulo :
在盧茲車站
搶救老婆的 iPhone

前進巴西最大經濟城市, 聖保羅!聖保羅繁榮的歷史與咖啡息息相關, 十九世紀開始, 聖保羅因為出口咖啡快速發展, 吸引外國移民到巴西的咖啡農場工作。隨著歐美國家對咖啡的需求增長, 咖啡成為巴西主要的出口產品。巴西至今是重要的咖啡生產國, 佔全球咖啡供應量的三分之一!

巴西.聖保羅

由於購票網站上從里約去聖保羅的巴士票都售罄，我們直接前往巴士站一探究竟。去聖保羅的四大巴士公司時間表都不同，網路上資訊也不完整，還是必須現場買票。

第一趟的巴西公車初體驗，遇上很多熱心的巴西人協助，帥帥的工作人員協助我們自助購卡！

由里約熱內盧搭巴士前往聖保羅，車程六小時，票款112里拉，座位相當舒適，車上有衛生間及提供飲用水！

抵達聖保羅，買了一張7天網卡1G，10元里拉（相當75台幣），轉搭地鐵入住青旅附早餐喔！

主教座堂廣場
Praça da Sé

主教座堂廣場（Praça da Sé）是巴西聖保羅的一個廣場，此廣場為聖保羅所有公路的起始點，巴西的眾多社會運動也都在此廣場發生。近年著名的社運包含2014年反世界杯公款運動與2015年反貪污運動等，都上國際版面頭條！

日本街：自由廣場
Liberdade

Liberdade是最大的海外日本人社區，這些日本人原本在巴西的咖啡農場上工作，離開農場前往巴西市區找新的工作機會，或被巴西廉價的房價吸引，直接從日本移民到巴西。日本人在這個社區建立自己的學校、報紙、市場等，此社區慢慢變成日本街。由於近年中國與韓國的移民變多，這條街已改名為東方街。Liberdade的意思是「自由」，象徵巴西歡迎任何種族的人前往，是自由之地。

最華麗的菜市場：聖保羅市政廣場
Mercado Municipal de São Paulo

聖保羅市政廣場是最華麗的菜市場，高挑的拱形屋頂、鮮豔的彩繪玻璃與壯麗的石柱之間，有上百間商家。

可以購買異國水果、蔬菜、海鮮、香料，又有各種咖啡館和餐廳。我們在這裡品嚐新鮮的生啤酒！

聖保羅盧茲車站
Luz

20世紀的盧茲車站曾是
聖保羅的經濟血脈，負
責把聖保羅的咖啡出口
到全世界。

當時老婆站在盧茲
車站外看Uber的
車輛動態，突然有
騎腳踏車的少年拉
住老婆的手機！

幸好老婆早已做好
防備，把手機綁在
手上，並沒有被搶
成功！

2020.01.09 08:1

伊比拉布埃拉公園、拓荒者雕塑
Parque do Ibirapuera,
Monumento a las Bandeiras

伊比拉布埃拉公園是聖保羅的第一座公
園,經常舉辦文化活動例如展覽、音樂
會、時裝週、貿易展等。伊比拉布埃拉
公園在巴西人心中的地位像是美國人心
中的中央公園,象徵都市精神與生活態
度。

公園附近的拓荒者雕像紀念不同種族的拓荒者對
巴西的貢獻,反映巴西多元的歷史。

最美塗鴉藝術：蝙蝠俠巷
Beco do Batman

以街頭塗鴉聞名的巴西，最美的塗鴉藝術都聚集在蝙蝠俠巷。
蝙蝠俠巷其實是普通民宅，不是文創中心！牆上的藝術日新月
異，每天都有新的塗鴉蓋過舊的塗鴉。

市立劇院
Theatro Municipal

因為造訪義大利大廈失利（要下午才開放）轉而進第二個目標-聖保羅市立劇院！結果發現大排長龍！本來也想放棄，但還是決定到門口去了解一下，工作人員問我們是否參加tour，我們不太明白，他請我們去窗口了解，原來是當地人必需排隊買票，外國人可安排英文導覽且是免費的！

劇院的轉角都有巴洛克溼壁畫與彩色玻璃窗。

我們很幸運是排到下午2點的導覽場次,正好可以去附近逛逛吃個午餐再過來!

聖保羅市立劇院建於1911年,象徵著聖保羅登上國際舞台。20世紀開始,聖保羅隨著咖啡經濟在世界打響知名度,吸引巴西資產階級的人民居住於聖保羅。這些資產階級的人民大多從事咖啡業務,他們看著聖保羅成長,也希望聖保羅可以建立一個符合城市新地位的標誌性建築。

我們報名參加免費的導覽,原本以為會有很多人,結果導覽的時候只有三個人,由專業的導覽學生來為我們做講解,是英文導覽!我的破英文加上老公的略破英文再加上谷歌翻譯,還好!應該明白七成吧!

導覽資訊:
週二、週六 11 AM
週三到週五 1 PM

訂票網址:
https://theatromu-
nicipal.org.br/en/
educational-tour/

義大利大廈
Edifício Itália

義大利大廈座落在聖保
羅的黃金地段，是聖保
羅最高的摩天大樓。我
們在41樓的餐廳喝下午
茶，從觀景平台欣賞風
景。

博物館大廳的巨型紅柱是野獸派建築。

聖保羅藝術博物館
Museo de Arte de São Paulo

藝術館館藏包括巴西藝術家與歐洲藝術家莫內、達利、畢卡索的作品。

我們結束聖保羅行程,前進巴西端的伊瓜蘇瀑布!

伊瓜蘇
Foz do Iguaçu :
空拍世界自然遺產
伊瓜蘇瀑布

伊瓜蘇為世界三大瀑布之一，是南美最震撼的自然景點之一！伊瓜蘇在巴西與阿根廷的邊界，從巴西高原墜入阿根廷巴拉那峽谷。我們的民宿在鳥園及直升機停機坪附近，走路就可以抵達巴西伊瓜蘇景區，超方便！

但記得一定要早些去排隊買票(門票約800台幣)因為一大早就人超多的,光排隊買票就會佔去很長的時間!

一大早就滿滿的人潮, 排了長長的人龍, 終於搭上觀光接泊車前
進伊瓜蘇瀑布上游!

巴西伊瓜蘇上中游

巴西端的伊瓜蘇國家公園
Parque nacional Iguazú

抵達伊瓜蘇上游（巴西
端）遠遠見那瀑布冲擊
所冒上來的水氣，就知
道氣勢磅薄！

放出空拍機真是不虛此行, 畫面太壯觀了！

抓個空檔在巴西伊瓜蘇端的上游放出空拍機，真是不虛此行啊！畫面太壯觀太美了！還好有帶空拍機才能見到如此狀觀的視野！

廊橋上的伊瓜蘇！

下游

伊瓜蘇的怒吼

置身巴西伊瓜蘇！只有讚嘆大自然可敬的力量！感動久久不能自己.......

看這氣勢就知道在現場有多震憾了！

司機把我們載到阿根廷的鄉村民宿。

民宿老闆可愛的兒子!我們比手畫腳聊了一個晚上!

準備過境前往阿根廷端的伊瓜蘇。我們用Google翻譯和計程車司機談好價格,包一輛車70里拉(約500台幣)。

在這裡買一張sim卡,順便吃個飯,到街上去逛逛,但是他們午休的時間到四點,我們必須找一個店在那裡喝下午茶一直到四點,等到開門才能購買。

在民宿收到女兒從台灣寄過來的DHL,裡面是被我遺忘的台灣駕照!出國自駕記得本國駕照與國際駕照都要帶上。

瑪黛茶是南美傳統的草本茶。老婆手上的木桶叫做「馬黛茶壺」。

瑪黛茶
Maté

我們在民宿認識熱情的巴拉圭游客，
邀請我們品嚐瑪黛茶。超好喝！尤其
是冰的瑪黛！

瑪黛茶是當地人不可或缺的日常飲
品，共用一根吸管是傳統的南美喝
法，共同享受分享的樂趣及熱情好客
的民風。

南美人習慣用吸管喝茶！

長鼻浣熊家族帶小朋友出來覓食。

阿根廷端的伊瓜蘇國家公園
Parque nacional Iguazú

阿根廷端的伊瓜蘇國家公園人潮不像巴西端那麼擁擠‧可能是阿根廷簽證不容易取得的原因吧！園區門票是 800披索 (約320台幣)。由於阿根廷的伊瓜蘇國家公園面積很大‧如果覺得一天逛不完第二天還想繼續造訪‧你可以在離開前讓它們蓋個印章‧第二天就可以享有門票半價的優惠‧這一點還算蠻親民的!

毫不畏人的長鼻浣熊與伊瓜蘇特有猴種。

伊瓜蘇國家公園分為多個景區,其景色及角度各有千秋,為別錯過任何一個面向,建議一入園就去服務中心索取一份地圖,方便您盡情觀賞這聯合國世界自然遺產,一定讓您永生難忘的!

魔鬼咽喉
Garganta del Diablo

魔鬼咽喉是伊瓜蘇國家公園內
最大的瀑布，同時是分隔阿根
廷與巴西國界的峽谷。

去魔鬼咽喉可以搭小火車或走
路，徒步到魔鬼咽喉需要一公
里，而且這段路比較曬，沒有
任何樹蔭。建議大家選擇小火
車，每半個鐘頭有班次。

76 ———————————————

隨著步伐前進響亮的水聲已經越來越近,親眼看到那個 Devil's Throat 大批洪水衝向向深不見底的峽谷中,堆起一朵朵白色的水花，由於整個地方瀰漫著水氣，整個瀑布看起來好像人間仙境,非常夢幻，你會現場感受這個深不可測，萬馬奔騰的魔鬼咽喉威力,心中的激動難以言語。

我們坐的小火車，讓我回憶起小時候坐的「五分仔車」（年輕人應該都沒有坐過）。它的中途站estacion cataratas,是伊瓜蘇瀑布2條步行參觀路線的起點，沿路有熱帶雨林的味道，我們看到了獴、大嘴鳥、鸚鵡、猴子、魚...。其中上線步行約1小時，末端是沿著水面上建築步道至臨瀑的景觀台，它的震撼是身歷其境才能感受到的到。

下線約2小時路程，可以看到「秀氣」的瀑布，也可以看到汽艇在衝瀑。很可惜因為找不到起飛點，而且水量大造成氣流不穩，空拍機只有遠端拍了一些。

搭第二段火車遊伊瓜蘇步道

上路觀瀑路線

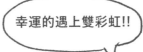

幸運的遇上雙彩虹!!

阿根廷伊瓜蘇步道, 這段的景觀很優美!

三國交界處象徵巴西、阿根廷、巴拉圭三國和平共處。

三國交界處
Hito Tres Fronteras

三國交界處同時是眾多動作片、間諜片、犯罪片的拍攝場景。美劇《重返犯罪現場 NCIS》、《海豹突擊隊 SEAL Team》與《邁阿密風暴 Miami Vice》都曾經在此拍攝。

這是伊瓜蘇河與巴拉那河的交匯處！

第六章：

在「阿根廷」被陌生人
潑黑色髒水怎麼辦？

打破迷思：全世界最危險的城市都在南美洲！

Argentina
阿根廷
República Argentina
2020/1/13~1/31
* * * * * * * * * * * * * * * * * * * *
旅行收支清單
* * * * * * * * * * * * * * * * * * * *
行程細項　　　　　　　　　　**花費**
飲食　　　　　　　　　　　　$3,789
住宿　　　　　　　　　　　　$4,603
交通費　　　　　　　　　　　$8,070
景點門票　　　　　　　　　　　$359
紀念品　　　　　　　　　　　$3,153
醫藥費　　　　　　　　　　　　$200
雜項　　　　　　　　　　　　　$76
* * * * * * * * * * * * * * * * * * * *

總計　　　　　　　　　**$20,250**
天數　　　　　　　　　　　　　18天
平均一日花費　　　　　　　　$1,125
* * * * * * * * * * * * * * * * * * * *

阿根廷比索 (ARS)　　　　ARS$50,667
美金 (USD)　　　　　　　　　　$689
* * * * * * * * * * * * * * * * * * * *

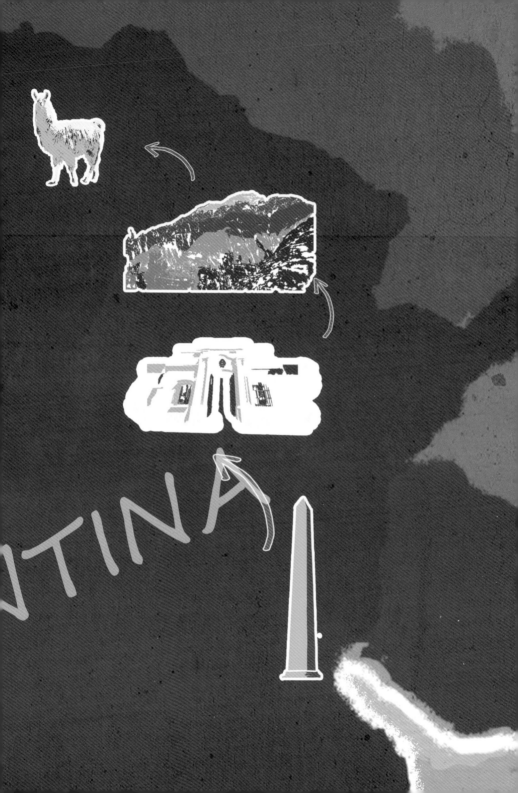

布宜諾斯艾利斯
Buenos Aires
漫步於探戈舞之都
團友遭黑水突擊

接下來我們入住布宜諾斯艾利斯的青旅。布宜諾斯艾利斯是阿根廷的首都, 也是探戈舞的發源地!探戈舞起源於布宜諾斯艾利斯龍蛇混雜的港口地區, 受到佛朗明哥舞的影響, 至從十九世紀盛行於南美洲。

青旅在市中心, 有古董電梯與挑高中庭。

阿根廷.布宜諾斯艾利斯

我們一踏出青旅就在布宜諾斯艾利斯的主要街道遇到壞人！團員在路上突然驚叫，發現身上附著黏性的黑色髒水。此時轉角出現一名講西班牙文的女人，朝我們的方向走近，比手畫腳示意要「幫忙」團友擦拭身上的髒水。我們立刻制止女人接近，並迅速返回住宿處理。

幸好我們有事先做好功課，了解「髒水襲擊」是南美道地的詐騙手段。詐騙者會趁旅客不注意的時候潑髒水，再偽裝成好心的路人上前幫忙。當詐騙者拉近自己與旅客的距離會乘機偷竊。

雖然21世紀的南美沒有游擊隊搶劫，但是全世界的旅遊景點都會出現詐騙集團，還是要小心提防。歐美的街頭有強迫行銷花束或唱片，南美固然有「拉丁版本」！如果在南美遇到髒水突擊，保持冷靜，不要跟陌生人糾纏並快速離開現場，問題就解決了！

布宜諾斯艾利斯都主教座堂
Catedral Metropolitana de Buenos Aires

我們的第一站是布宜諾斯艾利斯主座教堂。阿根廷因曾被西班牙殖民的關係，主要宗教為天主教。我們在新聞上常看到的天主教教宗方濟各（Pope Francis）是義大利裔阿根廷人，是首位出身於拉丁美洲的教宗！布宜諾斯艾利斯主座教堂外觀像希臘帕德嫩神廟，內部裝潢像歐式宮廷，混合了不同文明的建築特色。教堂大門玄掛著火把，象徵永恆不滅的聖火。

在教堂門口與阿根廷少女合照!

五月廣場
EPlaza de Mayo

五月廣場是布宜諾斯艾利斯的政治中心，紀念阿根廷五月革命。
五月革命是南美洲從西班牙帝國獨立抗戰中首次成功的革命。五
月革命後，阿根廷成立第一個國民政府，每年5月25日更是阿根
廷的重要節日。

喝杯咖啡歇歇腿!看看布宜諾斯艾利斯的街景!

2020.01.17 09:44

布宜諾斯艾利斯方尖碑
Obelisco de Buenos Aires

方尖碑在五月廣場附近,紀念布宜諾斯艾利斯建城400年。在特殊活動或重要節慶時,白淨的方尖碑會配合活動佈置而變身!石柱建於 1936 年, 方尖碑高67.5 米。

阿根廷人自己以具「騎士」精神自傲，但一路遊玩發現確實很紳士。從台灣我們坐了4趟飛機才到首都布宜諾斯艾利斯，直綫距離超過18,000公里。他的簽證雖然在台灣可以辦，但一定要事先弄清楚，以免多次往返，而且簽證費超貴NT7,900/人。

阿根廷的女孩應該具備了混血的優良基因，年輕的都很漂亮，聽說世界名模有一半都出自阿根廷。男孩子的運動基因也不錯，足球地位歷久不衰。

在阿根廷店鋪不會太早開門，週六、日及假日多不見開門，應該渡假去了，想逛街要記得他們的行事曆。

阿根廷原來發展畜牧業，是南美最富庶國家之一，民生工業不發達，多倚靠進口，故深受國　際經濟危機影響，目前的幣值仍持續貶值中，但他們仍然很樂觀，實在不是忙碌的台灣可以想像的。

在布宜諾，黑市的兌換是公開的，在特定的觀光街，沿路都有人喊「剛比歐」（西語換錢），可以多換1-2成，我們在阿根廷消費都不刷卡，付現為主。

經濟始終不太景氣。阿根廷的貨幣是披索，與美元比價 2012年是4.91：1.，現在是:74.17:1，貶值得很厲害。

尤其是黑市的兌換又差了幾乎二到三成，所以我們在阿根廷消費都不刷信用卡而是用美金到黑市兌換來消費。

雷蒂羅
Retiro

熱鬧的雷蒂羅火車站周邊有商店、小吃、咖啡廳，值得探索。

雷蒂羅是布宜諾斯艾利斯的購物中心與高級住宅區，聚集了阿根廷上流社會的富人與外籍高管。雷蒂羅的街道佈滿精品店、咖啡館、藝廊與五星級酒店。

雷蒂羅火車站內部有點像紐約的中央車站！

與雷蒂羅咖啡廳的美女合照！

　　　　　　　　　　　　　　　　阿根廷 . 布宜諾斯艾利斯

百年咖啡館
Café Tortoni

逛了一整天市區腳酸,我們在雷蒂羅的百年咖啡館 Café Tortoni 休息。法國移民於1858年創立Café Tortoni,以同名的巴黎咖啡

這間咖啡館保留早年的裝飾,地下室有舞台提供探戈舞表演、還有小型圖書館定期舉辦文學活動、撞球台與其他遊戲室,吸引國際名人愛因斯坦與希拉里·克林頓拜訪。

咖啡館紅幕背後藏了舞台，每週
都有探戈舞表演！

　　　　　　　　　　　　　　阿根廷．布宜諾斯艾利斯

女人橋
Puente De La Mujer

女人橋的造型靈感來自探戈
舞，白色桅杆象徵男人，橋
的曲線象徵女人，兩人正在
共舞，反映布宜諾斯艾利斯
的熱情。

女人橋附近有許多半開放式的餐館與咖啡廳，適合欣賞海景。
我們在Brasserie Petanque 用餐，是本地知名法式餐廳。

阿根廷．布宜諾斯艾利斯

尋找瑪法達
Mafalda

瑪法達是阿根廷最受歡迎的漫畫人物。6歲的瑪法達住在布宜諾斯艾利斯，關心社會議題，夢想成為聯合國大使。

瑪法達的故事反映阿根廷知識份子的精神，他們跟瑪法達一樣，關心時事，在乎國家動向。

尋找瑪法達的路上，發現前方竟驚傳警察封街，看來應該發生了刑事案件...

中國城
Barrio Chino

在國外還是要拜訪一下熟悉的中國城！我們搭地鐵去中國城，意外發現布宜諾斯艾利斯的地鐵無法在站內換乘。原來搭反方向的車需要出站過馬路到對面換乘，不太方便。

我們在中國城找到台灣僑民聯合會。

布宜諾斯艾利斯也有國泰醫院！

博卡區
La Boca

終於來到期待已久的博卡區！博卡區於17世紀的掏金潮曾是歐洲人移民南美的首選之地，許多早期的居民都來自意大利。今日的博卡是熱門觀光區，大街的撞色房屋、咖啡廳、意大利小酒館、探戈俱樂部都非常受歡迎。

要注意的是博卡區比較貧困，經常發生小型犯罪，白天來逛比較安全。

咖啡廳前有探戈舞表演。

在街邊喝一口馬黛茶。

撞色房屋的窗檯有拉丁人偶朝遊客揮手。

我們找到一家 Parrillas 烤肉店，享用我們在南美的第一頓 Asado 烤肉拼盤！烤肉拼盤混合各種部位的牛肉、雞肉、香腸。

　　　　　　　　　　　　　阿根廷 . 布宜諾斯艾利斯

舉世聞名的足球俱樂部 ： 博卡青年競技俱樂部
Club Atlético Boca Juniors

博卡青年競技俱樂部是阿根廷體育會，以足球聞名，擁有 17 個國際賽大獎紀錄。

世界最著名的十座墓地之一：
雷科萊塔國家公墓
Cementerio de la Recoleta

雷科萊塔墓地也是推薦景點，說真的要逛墓園還讓我心生畏懼，傳統還是敬鬼神而遠之，不過既然是大家推薦必來的景點就以一種朝聖的心情別想太多了！在南美許多重要城市，很多知名景點都是墓園，雷科萊塔國家公墓是阿根廷富人及歷史名人的安息地，墓園中的墓室都由其貴族所有者自行設計、佈局和裝飾風格各異，因其高貴的定位，也成了阿根廷民眾最嚮往的「最終家園」。

這座黑色大理石墳墓是《阿根廷，不要為我哭泣》之艾薇塔的安息地。艾薇塔是阿根廷歷史上的傳奇人物，於1946至1952年擔任阿根廷的第一夫人，一生為爭取女權與改善窮人的生活努力奉獻。

雷科萊塔國家公墓是布宜諾斯艾利斯的第一座公墓。阿根廷歷代的社會精英與名門望族都在此安息，如多位正副總統也埋葬於此。

每一座墳墓設計非常用心, 反映阿根廷天主教文化對死亡的重視與紀念。

世界上最美書店：雅典人書店
El Ateneo Grand Splendid

我們在布宜諾斯艾利斯的最後一站是這間書店！

20世紀的雅典人書店曾經是觀賞探戈表演的劇院。劇院的坐椅變成書架，舞台變成咖啡廳，於2000年改造為書店。

西北高原環線 圖庫曼
Provincia de Tucumán
挑戰長途巴士 遇上警察臨檢

圖庫曼省位於阿根廷北部,是阿根廷人口密度最高的省份。
我們原本計畫從布宜諾斯艾利斯開車到圖庫曼,已透過外國租車平台訂好車。但是出發前發現租車合約竟有陷阱:每天的公里數被限制在200公里內,而且加收的費用非常可怕!

我們只好忍痛把單子取消 (取消訂單的手續費罰款將近5000台幣),因為我們的行程不適合這樣的方案。提醒讀者租車一定要注意條款內容啊!
既然取消租車,我們決定挑戰南美洲最經濟實惠的長途巴士。

我們到火車站買下午的大巴,預計抵達圖庫曼是隔天上午。16個
小時的巴士車程減少原本1000多公里的自駕行程。

終於我們在隔天的上午10點抵達圖庫曼.....,我想我真的很適合
旅行!我竟然睡了一路....而且睡得很香.....

圖庫曼在阿根廷歷史上扮演關鍵角色,阿根廷從西班牙獨立的圖
庫曼之戰與獨立宣言都是在這座城市發起的!

圖庫曼歷史屋
Museo Casa Histórica de Tucumán

圖庫曼歷史屋是國寶級建築與博物館。
當時的圖庫曼國會參與阿根
廷獨立戰爭在這棟房子裡工
作，於1816年發布

圖庫曼歷史屋的白色牆壁掛滿紀念牌匾。

我們經過很多特色建築，但是礙於西班牙文說明牌，無法深度了解建築背後的故事，好可惜！

漫步在圖庫曼發現當地政府很有心，將所有歷史建築立了說明牌，方便旅客了解。可惜全是西班牙文，翻譯也是大費周章。

圖庫曼政府大樓
Casa de Gobierno de Tucumán

圖庫曼政府大樓位於圖庫曼市中心的獨立廣場旁，是一棟相當
壯觀的建築。

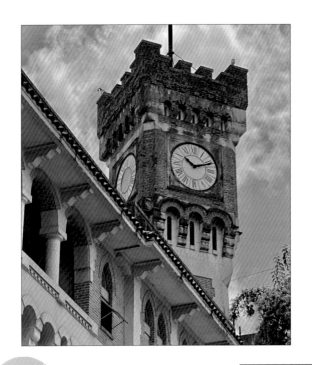

郵政大樓
Edificio del Correo

這棟美麗的建築不是教堂，而是圖庫曼的郵政大樓！大樓側邊還有一座鐘樓。

阿根廷．布宜諾斯艾利斯

很幸運地我們在圖庫曼找到了租車公司，雖然沒有七人座以上的車，但是我們分別租了兩輛5人座，平均一輛每天的租金大概是台幣$1000左右，而且沒有一天200公里的限制，這個比我們原本的那個租車條件好很多，而且很幸運地我們可以繼續我們的預計行程！

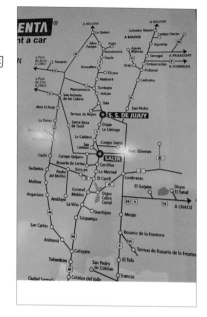

中午我們享用簡單的中餐，一客套餐是210折合台幣大概$100左右，物價算是蠻便宜的！

就在我們從圖庫曼回程布宜諾斯艾利斯大概三個鐘頭車程的地方，我們遇到臨檢，警察要求我們七位團員全部下車！警察證件看了半天，問我們身上帶多少錢，要求我們回車上把所有行李拿下來，行李翻完又問我們現金放在哪裏，並開始對男性團員搜身。臨檢過程耗了一個鐘頭，整車的乘客都在等我們。

大家對於這個情況非常錯愕，估計是警察想拿紅包吧！

好險我們預先把大部分的現鈔藏起來，警察因為找不到現金讓我們離開，真是有驚無險！

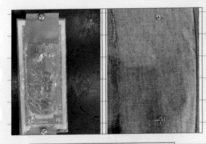

藏錢小撇步：出門前記得把現金藏好！
建議大家分散風險，多在衣服內縫幾個暗袋，把錢放進去。

阿根廷．布宜諾斯艾利斯

普爾馬馬卡村
Purmamarca
進攻阿根廷西北
在十四色山與駱馬自拍

我們開車前往阿根廷西北的普爾馬馬卡村。小鎮位於安第斯中央山脈的彩色峽谷內,一路山脈綿延,排雲纏山際。

窗外千變萬化的風景是自駕特有的福利！

一路的青色山脈隨著高度的邃升變成棕色峽谷，山脈甚至出現彩色的樣貌，讓我們愈發興奮！

在Salta 前往Jujuy的9號公路上第一個停下來的平台，這裡有多彩的山脈和南美的特色高原仙人掌。

這是南美山脈迷人的地方，一路上的景色多姿多彩。

在Salta 前往Jujuy的9號公路上第2個景點
這裡是很明顯的山峰型黃色,棕色,紅色漸層綿延在山脈中間,是非常獨特的地形

阿根廷．普爾馬馬卡

Mirador El Monolito

這是前往普爾馬馬卡村的9號
公路上會經過的觀景平台，
適合停下來休息。

我們在平台放出空拍機！

在路上我們遇上了警察臨檢,本想沒事的,竟被發現後座未繫安全帶,警察要開紅單給我們竟然要罰10000披索(大約台幣4000),經過我們協商依然不放過我們,可能覺得好不容易逮到一隻肥羊,還好後來來了一位比較年輕的會一點點英文,他偷偷跟我們說長官在看隨便給一點讓他能交代,後來我們把口袋600披索給她教我們快走,也算是幸運的。

看到色彩繽紛的山脈代表我們已到達今天要下榻的烏瑪瓦卡。

在此也要特別提醒,在南美開車一定要隨時開大燈,無論前後座一定要繫安全帶,路上隨時會臨檢,無論護照還是國際駕照出國前一定要彩色影印加護備,隨時備用,除非萬不得已不要拿出正本,這樣安全一些.

普爾馬馬卡村
Purmamarca

普爾馬馬卡村位於七色山的山腳，前身是印加文明的居住地。
這個村莊是接通安第斯山脈高原與平原的交通樞紐，促使兩地
之間的貿易發展。來到村莊一定要拜訪工藝品市場與七色山。

阿根廷 . 普爾馬馬卡 —————————— 115

市場路邊販售兩種口味的餅：
起司與Salami，一份50披索。
Empanada餅，起司與Salami，一
份50披索，約20台幣。Empanada
是流行於拉丁美洲的餡餅，在阿根
廷的餐廳與路邊攤等隨處可見。Em-
panada的名字來自於西班牙文的動
詞
"Empanar"，指的是「用麵包包起
來」的意思。Empanada的餡料有牛
肉、雞肉、豬肉、起司等。

小鎮的甜品店排隊從
未間斷，好奇的我決
定品嚐。

我們在窯烤批薩店訂了招牌批薩，約80台幣，經濟實惠。

好熱鬧的小鎮！
烏瑪瓦卡是一個位於阿根廷胡胡伊省
的城市，海拔高度：3,012 公尺

當地居民在小賭

繽紛的色彩、濃厚鮮艷的彩

烏馬瓦卡村裡唯一的教堂

獨立紀念碑廣場位於鄰近的烏瑪瓦卡,可以欣賞彩色的岩層。

獨立紀念碑廣場
Monumento a los Héroes de la Independencia

獨立紀念碑廣場有大型高海拔仙人掌,亦是南美洲山谷的一大特色。高海拔仙人掌在安第斯山脈自然生長,可以承受低溫,在阿根廷、玻利維亞、智利、厄瓜多爾和秘魯常見。

阿根廷．普爾馬馬卡

攀登阿根廷七色山
Cerro de los Siete Colores

7500萬年前形成的七色山經過海水沈澱、河流侵蝕、板塊運動等不同的地質變化，金屬礦物長年堆積，形成今天彩色的岩

攀登七色山除了在高海拔行走會有點喘之外，坡度不陡，算是好走的山路，總長三公里。

一路上有來自各國前來朝聖的熱情青年相伴！

十四色山在天氣變化下呈現的色澤不同，比七色山的顏色更多元。

十四色山
Serranía de Hornocal

我們一早從烏瑪瓦卡包車前往十四色山，車程四十分鐘，每人費用200台幣。當地司機提醒，太晚出發起霧就看不到山，而且下午容易遇上雷雨。我們在路上看到駱馬，司機馬上停車讓我們近距離欣賞。

阿根廷．普爾馬馬卡

駱馬（英文為Llama）與羊駝（俗稱草泥馬，英文為Alpaca）外觀像似，都屬於駱駝科動物，也在南美高海拔地區常見。導遊推薦的辨認方法是看耳朵！駱馬的耳朵細長，羊駝的耳朵圓短。除此之外，駱馬個性獨立，臉尖，毛髮短，有乾淨利落的感覺。羊駝個性膽小，臉圓，毛髮長，有憨厚的感覺。我們在十四色山看到的是駱馬，羊駝則在秘魯高原比較容易遇到。

此段山路路況不佳，不建議自駕，由專業的當地司機帶路。司機載我們到觀景臺，留一小時的自由活動時間，可以近距離欣賞十四色山。

蒂爾卡拉
Tilcara
體驗印加文化與古蹟

超好拍的Tilcara!
蒂爾卡拉是位於阿根廷西北部胡胡伊省, 海拔高度2,465米。

蒂爾卡拉位於阿根廷西北部，鎮上販售的商品與當地人的生活習俗充滿印加文化色彩。從十四色山到蒂爾卡拉一路的景色目不暇給。

途經一處有羊駱的地方玩耍了一會！

在印加文化傳說中，Pachama-
ma是安迪斯原住民主要祭拜的
女神，女神掌管山脈與土地，
也控制農作物收割與地震。

每年八月蒂爾卡拉人會向女神致敬，每個家庭會準備駱馬肉或
羊肉製作的菜餚、烈酒、香煙當作祭品，把祭品埋在後院或田
野中回饋給大地。蒂爾卡拉人相信這些祭品會滿足神的食慾，
帶來好運和豐收。這些古老的印加傳統，在蒂爾卡拉仍然盛行。

來到蒂爾卡拉，記得品嚐特色高原料
理駱馬烤肉！口感跟牛肉很像，但是
偏硬。

超好拍的蒂爾卡拉與可愛的羊駝!

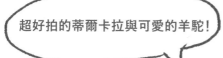

印加文化遺址與古道。

世界文化遺產：塔夫拉達·德烏瑪瓦卡
Quebrada de Humahuaca

塔夫拉達·德烏瑪瓦卡是阿根廷西北部的山谷，山谷內有印加帝國的歷史遺跡，同時也是阿根廷獨立之戰的戰場，總共經歷了十四場戰爭！

下山遇上一群熱情的騎士！

空拍七彩山！

來自世界各國喜愛旅遊的同好們

原來峽谷彎道是各地賽車好手的
最愛。

沿著9號公路前進阿根廷大西北！

　　　　　　　　　　　　阿根廷．蒂爾卡拉

阿根廷Jujuy海拔4170啞口!

海拔高度：2,099 公尺

橫躺在阿根廷西北高原上的一條金黃的巨龍！壯觀哉！

我們在下榻的酒店用餐，晚上有現場民歌演唱與派對。

在海拔兩千多公尺的世界文化遺產中狂歡到深夜！

阿根廷 . 蒂爾卡拉

世界第三大鹽田
Salinas Grande

天然鹽田是常見的沙漠現象，鹽田前身是蒸發的湖泊或池塘。沙漠氣候因爲水分蒸發的速度比降水速度快，水分蒸發後容易留下鹽分與其他礦物質，這些鹽分與礦物質長年堆積形成鹽田。

阿根廷 . 蒂爾卡拉

Salinas Grande鹽田，海拔3450公尺，在一片白茫茫的鹽田，世界第三大鹽田，是阿根廷最大的鹽田。

Salinas Grande鹽田入口處對面的一個可愛羊駝雕像，還有販賣鹽製品和鹽作成的羊駝！

本來只是停車下來欣賞羊駝，沒想到正趕上羊駝的交配期。我們成了一群意外的尋春客，看著一幕幕上演的春宮爭奪戰...

　　　　　　　　　　　　　　阿根廷．蒂爾卡拉

Viaducto La Polvorilla雲頂鐵路高架橋：海拔: 4200公尺

雲頂火車終點站
聖安東尼奧德洛斯科布雷斯小鎮
Tren a las Nubes
San Antonio de los Cobres

這個海拔3800公尺的小鎮是雲頂火車的終點站。小鎮的主要收入來源來是火車的觀光客。

雲頂列車在橫跨山溝的高架橋上行使，離地高度21公尺，太壯觀！

本來要去卡奇要走40號公路！一路都是石子好顛，還有還幾段幾乎要過不去，還好行進到四分之一時遇上越野車騎士，他告訴我們前面的路已經完全不通，要我們折回，還給我們看他拍的路況，還好遇上他，如果一路往前行，後果不堪設想.....

阿根廷.蒂爾卡拉

卡 法 亞 特
Cafayate

在葡萄樹下
來一杯白酒！

卡法亞特小鎮生產葡萄酒，是重要的旅遊中心。連日來的緊湊行程，大家決定到卡法亞特有名的酒莊阿拉法特去休整兩天。

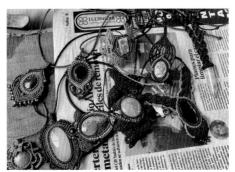

在酒莊買到喜歡的手工飾品,開心!

我們在酒莊吃晚餐,阿根廷的慢火牛排跟西餐鐵板牛排製作方式不一樣,需要用炭火炙燒五個鐘頭以上,慢慢加熱,還要定時翻轉,牛排切開後才會呈現鮮美的色澤。南美飲食習慣多肉食,配檸檬比較開胃,會在牛排上淋檸檬汁與香料。

老公的牛排晚餐約170台幣,太划算了!

卡法亞特的黃昏。

蘇里山洞
Cueva del Suri

這個山洞有美麗的石頭、高大的仙人掌和原生種植物。從山洞高處可以欣賞平原，視野極佳。

路上遇到一群活潑可愛的學生，大家玩起來！

回到酒莊，在葡萄樹下品酒用餐。

阿根廷卡法亞特酒莊愜意行。

布宜諾斯艾利斯公車初體驗！

我們本來問雜貨店老闆車上可以投現嗎？可能溝通不良誤會了！以為可以就直接上車，結果公車司機說車上是不可以投現的，正在尷尬的時候，幸好有熱心的阿根廷善心人士就說要幫我們刷卡，結果我們總共用了三張卡才把我們七個人的車資付了，雖然他們一直說不收，當然我們也馬上付給對方現金，他們真是太好了！再次感受到南美的熱情！（一趟每人21元披索，台幣約9元）

這趟阿根廷之旅讓我們對阿根廷的百姓印象深刻。雖然阿根廷幣一直在貶值，阿根廷人是驕傲的。他們的民族意識強烈，特別重視文化傳承。大家都會跳民俗舞蹈（手帕舞）也會熱情的與外國人宣揚當地的傳統習俗。阿根廷的街道更是乾淨整潔，反映出百姓對於國家的愛護。整趟旅程一直有當地人不斷提醒我們，哪些地方治安不好，要記得把手機收起來等。

阿根廷人的友善打動我們，讓我們對這塊土地留下美好的印像。我們的阿根廷之旅在此落幕。

第七章：

我們在郵輪上享受
免費的「南極」冰川美景，

能同時享用郵輪上豪華的美食與設備嗎？
打破迷思：搭一次郵輪就破費，要自備泡麵充飢？

第一次搭郵輪：

認識手上那張船票的力量

本次的郵輪行程從阿根廷布宜諾斯艾利斯上船，沿大西洋經福克蘭群島，再到南極洲，北上沿太平洋航行，在智利的聖地牙哥完成航程。

22-Day S. America & Antarctica

SHIP ZAANDAM

FROM **$2,969** PER PERSON

郵輪假期是中年與高齡旅客的首選。奢華又放鬆的郵輪提供一輩子四處奔波、苦盡甘來的長輩們休息的機會。我們夫妻兩人第一次搭郵輪，起初以為船上的消費很貴，又不好意思詢問，甚至產生「遠觀不可褻玩」的心態。

幸好我們很快了解到手上那張船票的福利：
我們的船票提供自助餐及法式餐廳的餐券，隨時有水果、點心、飲料無限暢飲。
船上的五星旗設備，例如游泳池、SPA、健身房、交誼廳、劇院等開放旅客盡情使用。
郵輪公司每天提供精彩的節目單，五花八門的的課程、活動、表演可以自由參加。

原來一張船票可以享受這麼多福利，即使沒下船也很忙！提醒大家搭郵輪的時候，要好好認識手上那張船票，不要
跟我們一樣傻乎乎的，誤以為自己
「玩不起」眼前的好康。人生除了讀書、工作、顧家，「吃喝玩樂」也是重要的人生課題
，別忘了對自己好一點！

開始22天郵輪養豬之旅！

搭船的接泊車上我找到很多同伴，一車白髮

我們的房間被升等, 可以看到海景。房間比預期大很多, 還有浴缸呢!

服務員每天會整理房間三次, 上午一次, 下午兩次。下午會附上明日船上活動的行程表及上岸注意事項以利我們安排活動。每天會附上巧克力及不同造型的毛巾在床上, 我都捨不得拆開使用了!

郵輪公司提供的節目單

南極．第一次郵輪之旅

郵船上每天有無限暢飲及自助美食。
希望我們22天後走得出艙門...

甲板的活動區可以游泳、散步、打球。

郵輪上有餐廳、休閒吧、演奏廳、舞池與賭場。

欣賞精彩的歌舞秀　　　　　　　我們在船上打麻將！

蒙德維的亞
Montevideo
走訪「烏拉圭」首都

我們沒辦烏拉圭簽證,因爲我們有郵輪公司保證,可以直接入境。

遊輪第三天,我們抵達烏拉圭首都蒙得維的亞!烏拉圭是世界上最自由的國家之一,其民主人權、新聞自由、社會治安是南美洲之冠。南美國家之中烏拉圭率先通過同性婚姻法案,更是全世界首個將大麻買賣合法化的國家。蒙德維的亞陽光普照、花草樹木繁茂、空氣清新、街道乾淨,有點像新加坡!

我們的團友竟聯絡上她在臉書從未謀面的烏拉圭好友。烏拉圭好友來碼頭迎接我們!

烏拉圭好友特地翻譯了中文!他跟銀髮父母用自己的車子載我們逛市區,太熱情了!

蒙德維的亞的舊城區保留著西班牙殖民統治時期的建築風格。舊城區原本是社交聚會的中心,但是這幾年被超商百貨林立的新城區取代。舊城區有很多歷史建築,重點景點包括獨立廣場、阿蒂加斯將軍陵墓、薩爾沃宮、天主教教堂、太陽劇院與政府大樓。

獨立廣場
Plaza Independencia

廣場中央的銅像紀念阿蒂加斯將軍。阿蒂加斯將軍是烏拉圭獨立運動的民族英雄領袖，於1811年擊敗西班牙殖民軍。這位歷史人物就安葬在銅像下。

薩爾沃宮
Palacio Salvo

薩爾沃宮曾是南美洲最高的建築。這棟建築原本的構想是精品酒店，後來變成辦公室和私人住宅。

烏拉圭舊總統府
Palacio Estévez

烏拉圭舊總統府現身為博物館, 紀念烏拉圭歷代政治人物。烏拉圭過去有長達十二年軍人專政的歷史, 現在是三權分立的民主共和國。

國會大廈
Palacio Legislativo

國會大廈是烏拉圭最大的建築物,建築外部有精美的浮雕。

太陽劇院
Teatro Solís

太陽劇院是烏拉圭最有名的劇院，定期舉辦烏拉圭和國際藝術家的音樂會、歌劇、戲劇、喜劇和其他表演。

市政廳頂樓
Palacio Municipal

市政廳頂樓供遊客免費參觀，裡面有兩部觀光電梯可以直達頂樓，瀏覽蒙德維的亞全貌。

美食城
Mercado de los Artesanos

這座建築建於1904-1909年。
早期可能是食品市場,目前市
場裡面是個「美食城」,各種
食攤圍一圈中間擺放著桌椅。

城堡之門
Puerta de la Ciudadela

蒙德維的亞的老城牆始建於1746年，於1829年被拆除，只留下這座城門。

城門剛好劃開蒙德維的亞的老城區與新城區。老城區保留西班牙統治時期的歐式建築，新城區林立著現代的高樓大廈。

我們在新城區喝咖啡！

烏拉圭．蒙特維的亞

瑪德琳港
Puerto Madryn

我們在這個博物參觀鯨魚及海洋生物相關資料,博物館本身是一座美麗的老房子, 有很多可看的和學習的東西,在這裏我們度過了愉快而充實的下午。

海水正藍!

馬德林港受到新港的保護,這裏由巴爾德斯和潘塔尼法斯半島組成,是巴塔哥尼亞海岸最受到保護的地方之一。城市邊緣有5公里長的海灘,馬德林港是通往阿根廷其他許多旅遊景點的門戶。

特雷利烏的老火車站,一個在阿根廷巴塔哥尼亞丘布特省的鎮上.距離首都布宜諾斯艾利斯1451公里

福克蘭群島
Falkland Islands
在草叢堆尋找
麥哲倫企鵝寶寶

接下來幾天的海上行程，專家在郵輪上介紹福克蘭群島的旅遊安排與注意事項。預計遊輪第7天抵達福克蘭群島。福克蘭群島屬於英國海外領土。過去阿根廷與英國為了爭奪福克蘭群島發起福克蘭戰爭，英國最後戰勝阿根廷。

吃飽喝足在甲板上欣賞夕陽。

我們在微微晨曦中搭乘小船,登上福克蘭群島!

英國．福克蘭群島

旅遊服務中心
Tourist Information Centre

旅遊服務中心是一座紅屋頂的小白屋，牆上掛著福克蘭群島觀光局的 logo，是六隻可愛的企鵝！

福克蘭群島人口不到四千人，居民都住小屋，島上最高的建築竟是一座教堂！

教堂內部有一座青色的風琴！
因為太美就忍不住多拍了幾張！

福克蘭群島市政廳
Town Hall

市政廳廣場上有英國首相「鐵娘子」瑪格麗特·撒切爾夫人的銅像。鐵娘子於福克蘭戰爭帶領英國戰勝阿根廷，在福克蘭群島被視為英雄。

郵局
Post Office

我們在當地郵局寄明信片，寫了一封「一生平安、健康幸福」給半年後回家的我們。

福克蘭群島發行的企鵝硬幣值得收藏。

我們夫妻兩人今天在台灣平安健康的回顧南美之旅，發現當下在福克蘭群島許的願望成真了，好神奇！

斯坦利東部靠近麥哲倫企鵝的棲息地,徒步就可以抵達。

斯坦利東部
East Stanley

麥哲倫企鵝是溫帶企鵝中體型較大的種類,主要在阿根廷、智利和福克蘭群島的沿海地帶出沒。麥哲倫企鵝是群體動物,習慣成群結隊的覓食。在9月到2月底的繁殖季節,企鵝會聚集在沿岸的巢穴,巢穴密度高到每100平方米有20個巢穴。

巢穴通常建在灌木叢或洞穴下,母企鵝會產下兩顆蛋,父母會一起照顧小企鵝。

在土裡孵蛋的麥哲倫企鵝

吉普賽灣有白色的沙灘、麥哲倫企鵝和第二次世界大遺留的大砲。

吉普賽灣
Gypsy Cove

英國．福克蘭群島

神秘的伊麗莎白夫人沉船
Lady Elizabeth Shipwreck

這艘船在世界各地航行三十年，於1936年一陣狂風暴雨後漂進史坦利港，至今停泊於此。

福克蘭戰爭紀念碑
Liberation Memorial

福克蘭群島的主權一直飽受爭議，英國與阿根廷同時宣稱擁有島上主權。阿根廷在1980年發生經濟風暴，通貨膨脹嚴重，民間不滿政府的聲音不斷。為了轉移大眾的注意力以暫緩國內的政治危機，阿根廷政府希望透過佔領福克蘭群島來激發國內愛國精神，但是不幸戰敗給英國。長達七十四天的福克蘭戰爭造成眾多軍人死亡。

福克蘭群島歷史船塢博物館
Historic Dockyard Museum

Historic Dockyard Museum可讓您深入了解福克蘭群島的過去和現在。戶外有海事展品包括帆船模型，人工製品和文物。

主要博物館設在一個古老的倉庫中，鐵匠鋪，船屋和監獄是該地區遺產的一部分，其中也介紹當今無線電和電信的歷史，這是斯坦利和福克蘭群島（1850、1940和1970年代的生活方式中最古老的房子之一。

英國 . 福克蘭群島

被狂風雕朔的樹形很藝術吧！

告別福克蘭群島的企鵝寶寶，我
們回郵輪前往下一站！

南極洲
Antarctica

在甲板上欣賞冰川

不敢相信我們這輩子竟然有機會去南極，看到冰川的瞬間太震撼了！二十世紀初期，各國的探險家接續發現南極大陸，英國、紐西蘭、德國、南非、澳大利亞、法國、挪威、智利、阿根廷、巴西等大國紛紛提出對於南極的主權要求，造成國際糾紛。各國在1961年簽署《南極條約》，決定南極的資源不屬於任何國家，讓所有人類共享南極資源。

喬治王島
King George Island

喬治王島是南極洲最大的島。島上設立不同國家的科學考察站，專門研究南極的生態、地質、氣候。

在郵輪的房間也可邊欣賞南極冰川！

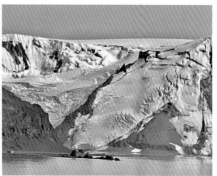

我們離開喬治王島，進入藍冰區域。

南極洲.冰川

藍冰
Blue Ice

為什麼冰川是藍色的？因為冰只能吸收太陽白光中的紅光（長波長），無法吸收藍光（短波長），藍光散射後使冰川呈現為藍色。光線在冰傳播的時間越長，冰看起來越藍，所以體積最大的冰川是藍色的！

終於發現一群企鵝而不是孤零零一
隻..

170 ——————————————— 南極洲．冰川

智利南極工作站
Chile's Research Station

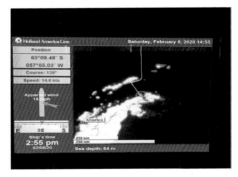

房間的電視螢幕上隨時讓我們知道所處位置、溫度及海的深度！

郵輪上的風景

南極洲．冰川

威爾米納灣
Wilhelmina Bay

庫佛維爾島
Cuverville Island

南極洲．冰川

南極彩霞

南極洲太陽下山的時間是晚上9:20左右，今天的彩霞特別美！

郵輪上的晚餐

諾伊邁爾海峽
Neumayer Channel

清晨我們來到了諾伊邁爾海峽 (Neumayer Channel)

晨曦中的Neumyaer Channel

七彩的冰山
Rainbow Icebergs

大家印象中的冰山是白色的,但是來到南極我們發現冰山有很多顏色!導遊解釋,冰山的顏色取決於冰與光的互動。

一般的冰山被厚厚的一層雪覆蓋,雪會平等的反射所有不同波長的光,因此雪呈現為白色。不同顏色的冰山可能在凍結的過程中加入海洋生物的死細胞或岩石灰塵。這些有機物質反射光的方式不一樣,因此影響冰山的顏色。

南極洲的火山：迪塞普遜島
Deception Island

原來南極也有活火山！這座火山在1967年和1969年嚴重破壞當地的科學研究中心，現在為觀光景點。

來到迪塞普遜島還有很重要的環節：賞鳥！
很難想像這麼低溫的環境他們是如何以這小小的身軀舞動翅膀在極地的氣候裡飛行......

紀念品店

回到船上，生物學家為大家介紹皇帝企鵝。原來企鵝爸媽會分工，企鵝媽媽產卵後，企鵝爸爸負責孵蛋。企鵝爸爸專心孵蛋的期間，所有的企鵝爸爸們會聚在一起取暖，幾乎不移動。此時剛生育完的企鵝媽媽會在海裡覓食。小企鵝出生後，企鵝爸媽會一起哺育小企鵝。

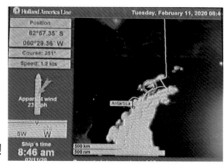

上午8點多我們抵達這個峽灣！太美了！

冰上落單的小企鵝

我們遇上了南極洲歷年來最好的天氣, 加上這一方神聖的淨土, 宛如置身天堂.......

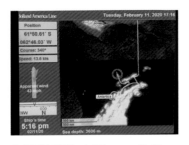

南極回程囉!水深3606公尺!

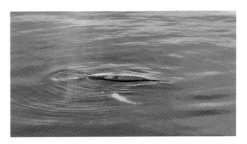

蜉游的鯨魚

3條巡遊的鯨魚, 好像枯木喔!

浮冰上的海獅

我們完成了南極洲之旅！船上發給證書！

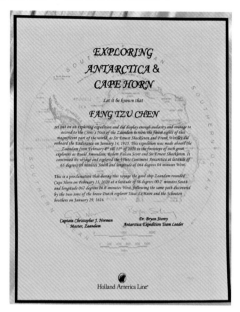

「探索南極，確實表現出足夠的膽識和勇氣，從而驚嘆了這個
貝爾林斯的最美景點 從2020年2月8日至2020年2月12日，跟隨
Roald Amundsen, Robert Falcon Scott和Ernest Shackleton
爵士等偉大的探險家的足跡。 在這次航行中,沿1616年1月29日
由英勇的荷蘭探險家艾薩克‧勒梅爾（Isaac LeMaire）和朔滕
（Schouten）兄弟的兩個兒子發現的相同道路。 」

右圖是我們這次南極洲的航行路線及停靠點

烏蘇懷亞
Ushuaia
在世界的盡頭
'寄明信片回家

傍晚時分我們抵達烏蘇懷亞！我們
真的很幸運原本預計抵達日期是在
明天，但是因為航行的路程非常的
順利也沒有碰到原本預計的風暴所
以我們提前抵達了，本來正在擔心
時間太短我們可能沒有辦法走我們
的行程跟吃我們思思念念的南極帝
王蟹，現在提早到達了我們就可以
完成心願了，有足夠的時間可以好
好的享受美食！

準備出航的郵輪停靠在烏蘇懷亞的碼頭，我們在碼頭遇見古船和綠色和平(Greenpeace)的旗艦！

「彩虹勇士號」是綠色和平(Green-peace)的旗艦。

烏蘇懷亞，號稱全世界最南端的城市！烏蘇懷亞早期是阿根廷政府的海島監獄，位置偏避，嫌犯不易脫逃。城市的基礎建設是島上囚犯建造的，大街上甚至有重要罪犯的畫像。

與古船合影

監獄博物館
Museo Marítimo y del Presidio de Ushuaia

監獄博物館介紹舊牢房與囚犯的日常生活，也紀錄烏蘇懷亞的
歷史和發展。

南極帝王蟹
Arctic King Crab

我們在世界最南端的中國餐館
Bamboo Restaurant 度過特別
的情人節，總共吃了5隻南極帝王
蟹！因為實在太好吃，隔天跑回
餐廳追加 2隻。在烏蘇懷亞一隻帝
王蟹只要800台幣，這是來烏蘇懷
亞絕對不能錯過的珍饈！

這裡有一張照片標示出烏蘇懷亞與其他地標的距離,您可以想像它與世界的距離...

大清早趕第一班下船爭取時間！今天時間有限，還要留時間再吃一次南極蟹，所以我們在碼頭包了半天（4小時）的車，一輛120美金

碼頭附近的特色小屋有提供島內旅遊Tour！

走訪幾個烏蘇懷亞的精華景點！（原來我們也學會了，除了先作功課外，下船在碼頭外可以談到比較便宜的價格，這樣攤下來，一個人30美金，就走訪了4、5個精華區，時間也可以自己分配，在船上報名的tour 一個人要160美金而且只去兩個點，真的省很大啊）

阿根廷.烏蘇懷亞

火地島國家公園
Parque Nacional Tierra del Fuego

島內旅遊Tour開始！國家公園內有好幾條步道，都很好走，順著二跟三號步道會經過溪流與湖泊。

火車票要100美金,而且不含國家公園門票。我們覺得不划算,最後去附近散步閒晃。

世界盡頭的火車站
Tren del Fin del Mundo

世界盡頭的火車站穿過火地島國家公園,是全世界最靠近南極的火車月台。20世紀主要功能是運送罪犯去烏斯懷亞監獄,後來改成觀光列車。

世界盡頭的郵局
Unidad Postal Fin del Mundo

這間偏僻的地方郵局關閉之前，被一位好心的員工收購。他成為郵局最後一位員工，發誓終身經營這間郵局。

我們付3美元, 寄一張有企鵝印戳的明信片回台灣！

蓬塔阿雷納
Punta Arenas

世界最南城市

早餐中抵達Punta Arenas！天空中出現好大一道彩虹！

海邊廣場和沿途彩繪
遙望麥哲倫海峽，很難想
像在一百多年前，人們要
花幾個月甚至一年時間繞
麥哲倫海峽從大西洋到太
平洋。

前進艾森港的路上, 這裡仍屬於智利南極洲
麥哲倫地區!

在海邊的老氣象鐘!

上船以來最過癮的海鮮大餐!龍蝦、大蝦吃到飽

我們眼前的這座冰川, 像極了一朵巨大
的藍色玫瑰!

我們駛入一個峽灣準備欣賞另一個
冰川!

艾森港是智利南部城市,畜產品和木材的集散中心。

今天是輕鬆悠閒的海上日!又見彩虹!

在港口需要坐車才能到市內,一人500比索,約台幣18元左右,且沒有站牌就在路邊招手,我們一直以為是大公交車,等了好一會,結果不是,是7-9人座的中型車且為私營,窗前會有一個貼紙!

智利．蓬塔阿雷納

艾森市區不大，我們在主街上找到了我們加值的電信公司，因為我們一直無法順利上網。小鎮上的電信服務公司只有一位小姐在服務，看來他也非常不熟悉公司的業務，所以他浪費了我們一個上午的時間並沒有幫我們解決問題、也造成我們沒有辦法到達比較遠的地方去探索，後來我們是在碼頭碰上一位很熱心的小姐幫我們解決了問題，原來智利的電信公司他是可以在超商加值，但是你必須自己上網去選擇你要的方案才能完成選購方案，但是網上全部都是西班牙文，語音服務也全是西班牙文，對我們來講這是很困難的，連翻譯軟體都很困難解決.......

等我們一行人解決的電信問題已經到了要回船上時間了，坐接駁小船回到船上去！

告別艾森港！

卡斯楚
Castro
童話般的「智利」
奇洛埃群島風情

我們在遊輪第15天抵達卡斯楚市，卡斯楚市位於智利南方的奇洛埃群島。奇洛埃群島的原住民是海洋遊牧民族，他們把製作木船的經驗運用在建築上，發展出奇洛埃群島的特色高腳屋與木質教堂。奇洛埃群島因爲與智利內地分開，延續鄉村樸實的面貌，也發展出自己獨特的木質建築文化。

∨ 其他班次 · 11:25

經 1 站 (30 分鐘)

Terminal Municipal De Chonchi　11:2

🚶 步行 1 分鐘 (約 60 公尺)　　　　　🗾

📍 **Church of Chonchi**　11:2
Francisco Corral 297, Chonchi, Los
Lagos

車資：CLP 1,000

📅　新增至日曆

我們查Google地圖，鎮上有公車到達我們想走的景點。
從碼頭步行約一公里可抵達巴士站，車資20台幣左右！

木製教堂
Church of Chonchi

Church of Chonchi 是奇洛埃群島的木質教堂代表。木質教堂建於18世紀，融合西班牙耶穌會文化與奇洛埃群島原住民建築理

教堂由原住民木匠打造，連屋頂上的瓦片也是木製的！Church of Chonchi 與其他15座木質教堂於 2000 年被列入UNESCO世界遺產。

木製屋頂刷上藍色星空, 很夢幻!

智利．卡斯楚

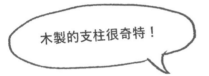

木製的支柱很奇特！

木製教堂
Church of Nercon

這座木製教堂是由柏木和落葉松木建成的。
亦為世界遺產之一

教會二樓是開放的, 可以看見木頭結構, 部分從船隻拆卸下的木頭取材。

ChiloéChonchi的老房子。

傳統博物館

這座傳統博物館還
原了20年代奇洛埃
群島的家庭生活。
博物館內有廚房、
傳統爐灶、客廳、
房間與當代的生活
照。

　智利．卡斯楚

七彩的水上高腳屋
Palafito

以七彩分類的 Palafito (架高的木造房屋) 是卡斯楚市的金字招牌。

以七彩分類的 Palafito (架高的木造房屋) 是卡斯楚市的金字招牌。 高腳屋保留早期海洋遊牧民族在奇洛埃群島的生活方式，是卡斯楚最代表性的景點。海邊彩色的高腳屋與水上的小鳥讓卡斯楚像一幅油畫！

Tia Olga 海鮮餐廳

我們在 Tia Olga 吃海膽與生蛤蜊。
海鮮混合番茄、洋蔥與香菜非常爽
口，滿滿一大碗只要120台幣，超鮮
美！

我們走在路上一直很好奇這個長得很像曬乾
豬皮的東西是什麼？原來它是南極公牛藻。
本地人把公牛藻當作肥料使用，可以改善土
壤品質並促進作物生長。

智利 . 卡斯楚

卡斯楚街景

卡斯楚的每個角落都像童話書中的小鎮，花卉和房子都好鮮豔

在卡斯楚市買的羊毛披風,好看嗎?超級暖和!(折合台幣500)

蒙特港
Puerto Montt

蒙特港（Puerto Montt）
，位於南美洲智利南部，距
智利首都聖地亞哥（San-
tiago de Chile）以南約
1000公里處。

一早出碼頭門口就擠滿想接遊客的司機們！最後我們以包一台9
人座的車，四至五小時，每人30美金！
可以讓我們在最短時間完成本島精華！這行程在船上報名可是
要300美金呢！

前行來到第一個景點-弗魯蒂亞
爾 (Frutillar)

弗魯蒂亞爾 (Frutillar)) 在智利南部第二大湖泊延基韋湖
(Lago Llanquihue) 西部,湖邊可以直接看到著名的奧索爾
諾火山。

這是一家當地很有名的餐廳,
尤其是那個時鐘,已經成為必
打卡點!

湖邊歌劇院
Teatro del Lago

很貼心的在這裡把奧索爾諾火山框了進來!讓遊客留下美麗的倩影!

湖邊棧橋
Costanera Frutillar Bajo

智利幣花光了！快去換！

無緣的紅頂教堂沒開!

智利．蒙特港
207

維森特佩雷斯羅薩萊斯國家公園
Vicente Pérez Rosales National Park

維森特佩雷斯羅薩萊斯國家公園由美麗的溪流和壯觀的瀑布,長年山頭都積著白雪的火山所組成,是觀賞不同景觀的好景點。

智利．蒙特港

瓦爾帕萊索
Valparaíso

彩色繽紛的世界文化遺產

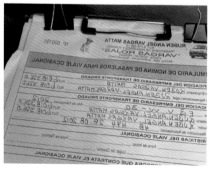

因為聖安東尼奧本身還有很多值得去看的地方。所以我們包了一台10人座共120美金，帶我們遊玩一天並送我們到聖地牙哥的住宿處,這個安排實在很棒,不然如何拖著行李,光想就頭大！

洛斯奎茲維爾京聖所

中央廣場
Edificio Armada de Chile

瓦爾帕萊索港口前方的中央廣場

這是一個非常具有象徵意義的地方，傳說這尊雕像描繪的是智利成功贏得太平洋戰爭的士兵們。

朝著法院的方向是El Peral電梯，它帶您到瓦爾帕萊索（Valparaíso）遊客最多的地區之一。

El Peral電梯

搭索道車上到制高點港口景象一覽無遺!

智利.瓦爾帕萊索

後來我們發現原來這裡的纜車索道有很多條,而且是在不同的區域,每個區域或小路都有不同風格的繪畫,我們在這個山頂欣賞海港風情沿著領一條步道下山,一路上有很多外國人同行,路上的邊牆和階梯上有著各式各樣的塗鴉,美不勝收!

一直走到下方的街區一樣繽紛迷人,但明顯感覺出治安似乎比較混亂,雖然我們已經有所警覺,但還是發生了慘案,我們一位女性同伴將手機掛在胸前,遭到一個年輕流浪漢當街搶奪,雖保住了手機但搶奪過程嘴唇有點被抓傷,當時我們夫妻正在對街拍照與她同行的是一位我們檔中最壯的,第一時間他就已經推開歹徒,否則後果不堪設想!難怪在路上我們一直被當地人提醒手機要收起來......

我們本來以為我們山頭逛了一圈已經看完精華,回到集合地點才被同伴告知真正的精華在另一區域是不同的山頭,大夥商量跟司機延長時間加點費用,好好造訪這神奇的瓦爾帕萊索!

沿著山坡往上走,慢慢開始有了許多特色的塗鴉出現

──────────────── 智利.瓦爾帕萊索

一路上美圖不斷!老婆已經拍瘋了!

這種順著階梯繪畫的塗鴉是老婆的最愛!

在這裡你也可以試試早期的電車系統搭巴士看看這個城市,也可以嘗試搭乘當地的纜車一次大約300披索,體驗這裡的風情和感受這城市的生活步調。

在市中心的Sotomayor海軍廣場和當地美食小吃!

國民小吃上糖霜的甜品

品嚐當地生啤酒！推喔！

假日瓦爾帕萊索的舊城區也會有市集與街頭表演，讓原來繽紛而熱情綻放的城市更加充滿生命力！請一定要來感受一下,保證您會愛上這裡！

你從下面沿著路走到上面的廣場，可以俯瞰整個瓦爾帕萊索
Valparaiso獨特的美景，山坡上一棟棟各式各樣彩色的房屋，
一開窗就是廣闊的太平洋，依山面海，再加上整山多姿多彩獨
特的熱情繽紛的塗鴉，展現南美獨特的氣息與繽紛的文化！

在瓦爾帕萊索的舊城區有很多特色
的咖啡館與小店，每一間店都過主
人的精心佈置,彷彿置身於一個大型
比賽的展場，令人目不暇給！在這
裡喝杯咖啡是人間一大享受呢！

連Hotel的佈置都完全與當地融合

這一幅城區最大幅的壁畫, 位在山腳下的城區裡。

任何一個小塗鴉背後都充滿了故事。

下面這幅畫讓我印象深刻,因為在現場看的時候可能因為距離太近沒感到特別,但當我透過手機拍下它時

竟是如此鮮明與立體!這幅畫所傳達的感覺讓我感到一陣心酸久久不能自已.......

智利 . 瓦爾帕萊索

結束彩色繽紛的世界文化遺產-瓦爾帕萊索，
前進聖地牙哥入住民宿！

第八章：

旅途中「智利」發生暴動怎麼辦？

打破迷思：南美政治局勢動盪，到處縱火搶劫！

```
              Chile
               智利
        República de Chile
          2020/2/22~3/9
* * * * * * * * * * * * * * * * *
          旅行花費清單
* * * * * * * * * * * * * * * * *
行程細項                      花費
飲食                       $4,831
住宿                       $6,580
交通費                      $6,240
景點門票                     $3,750
紀念品                         $0
醫藥費                      $1,580
雜項                         $35
* * * * * * * * * * * * * * * * *
總計                    $23,016
天數                        16天
平均一日花費                 $1,439
* * * * * * * * * * * * * * * * *
智利比索 (CLP)            $620,744
美金 (USD)                 $1723
* * * * * * * * * * * * * * * * *
```

CHILE

聖地牙哥
Santiago

智利首都大教堂
被示威者塗鴉

我們結束二十二天郵輪的養豬之旅，在智利的聖安東尼奧港下船，搭車到首都聖地牙哥的住宿。

智利是狹長的國家，夾在安第斯山脈與太平洋中間，位於安第斯山脈與太平洋之間，是狹長的國家，南北距離4300公里，東西距離卻只有200公里！這個特殊地形讓智利擁有世界最長的海岸線與豐富的海產資源，我們來聖地牙哥的任務就是吃海鮮！

智利是南美洲人均GDP最高、經濟最穩定、唯一擠入已開發國家行列的南美國家。來逛聖地牙哥繁榮的街景！

我們今天沒排行程，在民宿附近採買水果和食物。每盒藍莓及草莓是1000比索（40台幣），又甜又好吃，應該天天來買！

聖地牙哥與其他南美大都市一樣有街頭塗鴉，但是2019年的街頭塗鴉有點不一樣，有強烈的政治色彩。

已開發國家都面臨著貧富差距不斷擴大的問題，智利也不例外。2019年的10月，智利政府宣布調高地鐵票價，這個政策引發「地鐵逃票運動」，後來演變成大規模的罷工與罷課。

防暴警察與民眾起衝突的視頻不斷的在網上散佈，引發更多人參與抗議，社會運動也開始升溫。我們走在聖地牙哥街頭可以看見社會運動的影子，例如被燒毀的地鐵站與教堂上的塗鴉。

教堂石碑上的黑點可能是防暴警察使用橡膠子彈留下來的印記

如果旅遊中遇到政治風暴, 請多留意新聞了解社運動態。一般罷工罷課不需要過度焦慮, 但是如果局勢惡化建議儘速離開。

智利. 聖地牙哥

我們接下來在聖地牙哥展開美食之旅。在南美國家中智利餐費偏貴，在高檔餐廳用餐一人平均含小費約40美金，在平價餐廳用餐一人含小費約20美金。南美基本上有收小費的習慣，但不會不給的話關門放狗！我們在秘魯與阿根廷用餐時有請現場表演者為我們表演，我們也是給小費的。

El Ancla Providencia

我們受到當地台商款待，到這家知名海鮮餐廳用大餐。餐廳場所雖然小，但是提供非常道地的智利海產，包括生蠔、海膽、西施舌、天王蟹肉與海鮮湯。

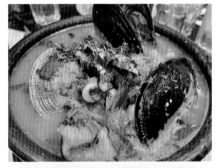

美食的滋味讓我們至今口齒留香，懷念不已！

chalaca, 這是一種由紅洋蔥, 細香蔥, 檸檬, 辣椒, 香菜和番茄製成的秘魯pebre我們吃了一次牡蠣風味的食物。

巴拉恰拉卡
Barra Chalaca

這是僑胞特別推薦在聖地牙哥的一家秘魯美食連鎖餐廳,提供物美價廉的優質海鮮!

我們花了2800比索品嚐Curatodo,上面注入了洋甘菊、檸檬馬鞭草、橙汁、甘蔗汁與小花。這款飲料非常特別!

智利. 聖地牙哥

另一杯紅色的是紫玉米汁相當相當特別，也成了我們接下來在智利的主要飲品！

我們品嚐tiradito chucuito搭配奶乾酪，酪梨和橄欖。tiradito有點像生魚片，但配以秘魯醬料，強烈的羅勒香氣，非常涼爽！

聖地亞哥中央市場
Mercado Central de Santiago

曾被稱為全世界最美的市場之一!

智利手搖飲
Mote con Huesillos

原來智利也有手搖飲！Mote con Huesillos 內含糖水、醃過的桃子與小麥，是非常爽口的飲料。

復活節島
Isla de Pascua

老婆在復活節島摔傷了！
復活節島有醫院嗎？

我們一早從聖地牙哥飛向復活節島，飛行時間大約五個鐘頭。從飛機上看下來，原來復活節島真的不大！復活節島位於太平洋東南部，因爲早期拉帕努伊人創造的巨大雕像「摩艾」聞名。其實復活節島屬於智利特殊領土，島上的拉帕努伊人也被給予智利國籍。

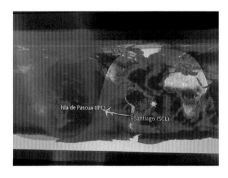

前往復活節島的注意事項:

出發前上網填入境資料

出發前記得上網填復活節島線上入境表

https://ingresorapanui.interior.gob.cl/

預定抵達日的前三天才能填, 五分鐘搞定!

記得過海關要蓋章

我們在聖地牙哥機場忘記蓋章。飛機要起飛前才發現,還好來得急補救,原來在海關處要過行李蓋海關章,因當時未留意也因為是機場動線問提,造成我們就不知情的從旁邊經過而錯過,在機場消耗了很多時間。提醒要前往的朋又要留意喔!

復活節島機票攻略

復活節島只有二個航線。高價位的航線從南太平洋中部的大溪地島嶼(PPT)直飛復活節島(IPC)。

普通價位的航線從智利聖地牙哥(SCL)直飛復活節島(IPC)。

如果想買到漂亮的價錢, 建議分兩段購買:

台灣 > 智利

智利聖地牙哥 > 復活節島

聖地牙哥到復活節島的機票只有Latam航空在飛。因為Latam航空壟斷市場, 此段機票價格波動極大, 便宜到七千台幣, 貴到四萬台幣都有!

建議先觀察此段機票價格, 把便宜的時段記錄下來, 選擇非旺季前往。如果找到一萬六台幣以下的機票, 我覺得非常值得購買。

島上就是網路慢了點, 基本上是處於無法上網的狀態。

我這座國際機場原本是美軍基地，1984後提供一般飛機起降。

馬塔維里國際機場
Mataveri International Airport

一下飛機就興奮不已！熱情洋
溢的樂曲迎接著我們！
復活島對很多台灣人而言用遠
得要命的王國來形容應該不過
份。除了貴森森的機票外飛行
轉機時間更長達50小時！真的
不容易啊！

智利.復活節島

另外有件事情要提醒, 在復活節島一下飛機就要購買復活節島的入園票喔!

他的票分兩種:全島都可以走或只能走部分的景點。

我們買的票是全島都可以走, 一張票80美元。

門票使用方式和注意事項:

1.大部分的景點可以重複拜訪

2.Rano Raraku 和 Orongo 只能進入一次

3.入場前請出示門票, 工作人員會在後面蓋章。

4.第二次入場時, 出示門票後面的印章給工作人員看。

5.真的摩艾石像不能用手觸摸, 會被罰款!

這位是民宿來機場接我們的服務人員。他突然示意要我們快跑, 我們以為是要躲太陽避暑, 哪知我們剛跟著他到走廊下, 暴雨刷就下來!原來復活節島的天氣變化如此的快速, 在大太陽底下突然一陣暴雨就來了, 但是每2分鐘天空又恢復晴朗跟沒事一樣, 真是太神奇了!

在復活節島我們選擇最棒的體驗，睡帳篷看星空，聽海濤！-
Camping Mihinoa 1人帳篷19 美金（只收現金），面對太平洋
無敵海景。

搞定了住宿接下來就是交通的部分。在復活節島上租車自駕最方
便。因為我們在旺季拜訪又沒有事先預定租車，我們跑了好幾家
租車公司才租到一輛十人座的車！一天租金約3600台幣。

復活節島 租車注意事項：
汽車：自排(較貴)/ 手排(較便宜)
旺季的時候島上的車子非常難租, 建議提早預約
攜帶：國際駕照＋本國駕照＋護照
機車/腳踏車：不建議租機車/腳踏車, 因為路面顛
簸還不時下雨。

Plaza Hotumatua

Plaza Hotumatua海邊廣場附近有很多餐廳跟酒吧, 位於Honga Roa小鎮附近。復活節島上的生活步調很慢, 與世隔絕, 反璞歸真!

塔海祭壇
Ahu Tahai

Ahu Tahai是離島上最大村落「安加羅阿」最近的摩艾祭壇，從安加羅阿開車過來只要十分鐘。

取完車第一個景點前進 Ahu Tahai。在走過去的路上一片綠油油的草原，藍天白雲，海邊的景緻心曠神怡！

Ahu Ko Te Riku

這尊摩艾像是島上唯一被鑲嵌上眼睛的摩艾。

拉諾廓
Rano Kau

Rano Kau位於復活
節島最南端的火山
口，同時是島上的水
源。這裡的湖泊長滿
蘆葦，景色宜人。

智利．復活節島

回到露營地已是晚上九點多,迎來彩霞滿天!

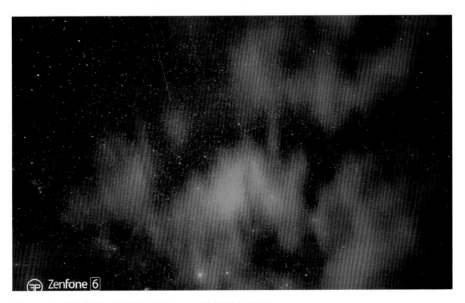

第一次嘗試用手機拍星空,拍到流星!
哇!好美!真拍出來了!好強的ASUS

入口處的摩艾是唯一有「出國經驗」的石像, 於1982年被運到日本參加博覽會。

Ahu Tongariki

Ahu Tongariki 是島上最大的祭壇, 經常出現在復活節島的影片、照片和明信片上。

。在拉帕努伊內戰期間, 祭壇上的石像全部被推翻, 後來又經歷海嘯席捲內陸, 石像遭到嚴重破壞。如今國家公園已修復15座石像。

沿途的風光及路上的駿馬!

島上的牛群悠閒的在草地馬路上散步。

連墓園都好美！

Easter Island Cemetery

復活節島的拉帕努伊人雖
然有自己傳統的宗教信仰
（例如鳥人信仰），居民
受天主教傳教士影響，十
九世紀末大部分居民已轉
信天主教。

戴帽子的摩艾像!

Ahu NauNau

美麗的白色沙灘阿納克納
海灘（Anakena）是復活
節島上少數的沙灘之一，
聽說這裡的椰子樹還是從
大溪地運過來的。

Ahu Te Pito

這塊圓滑的石頭是拉帕努伊人祖先帶來島上的！

尚未從山壁上切割下來的摩艾像

摩艾是如何製造出來的？復活節島大部分石像的主體都來自 Rano Raraku死火山的火山凝灰岩。火山凝灰岩由火山灰堆積而成，雖然質地相對柔軟，容易雕刻，但是運輸很重。

大部分的摩艾是平躺的被雕刻出來，雕刻完畢後，石像從岩石上拆下來，移動到山下，再將石像豎立。

這裏是島上摩艾像最多的地方，總共有397座摩艾像。

Rano Raraku

來到夕陽西下的時刻，在柔美的斜陽下，大地披上金色的衣，一切顯得如此溫暖而柔美！

肉餡捲餅
Empanada

我們來這家小店吃復活節島的招牌肉餡捲餅。內陷的金槍魚與奶酪是令人難以置信的組合，非常美味！

智利.復活節島

隨著光線的變化，我們拍出
一張張精彩的照片.....留下最
美好的回憶......

前進奧龍戈祭祀古村遺跡（Orongo Ceremonial）路上，喜見
一大道彩虹!

Orongo Birdman Village

Birdman Village 是復活節島文明「鳥人信仰」的中心,留下當時居民的平板石屋。

從前復活節島每年會舉辦「鳥人祭祀」。各部落代表必須從 Birdman Village 游到 Motu Iti 小島,在島上取得鳥蛋,並游回村落。首位把鳥蛋帶回岸上的人可成為下任「鳥人」首領。

這裡的半地下室平板石屋都沒有窗戶,只有幾個低矮的入口,必須從地上爬進去。建設原理是為了抵禦島上的強風。

智利.復活節島

遠方的 Motu Iti 小島

Orongo Ceremonial是進行祭鳥宗教儀式的地方，有大量的岩石畫。

安加羅阿市區最熱鬧的地區是主街道
「Atamu Tekena」，有許多餐廳、
咖啡廳和紀念品店，另外還有租車
行、Local Tour嚮導公司等還有很多水
果攤販。

超級甜的復活節島小鳳梨！

————————————— 智利 . 復活節島

這路旁的畫，透過鏡頭竟然比現場還立體，真的很令人驚豔！

一路由大街向海邊走去，一路風光明媚.....什麼才是生活.....越來越鮮明....

Haka Honu是復活節島上最具人氣的餐廳

接下來回到帳篷區慘案就發生了!老婆因為腳絆到帳篷的繩子, 整個撲倒在地, 摔到手臂舉不起來。

幸好復活節島有一家醫院, 醫生年輕友善, 服務周到。島上藥房普遍, 藥房要求提供醫師處方籤才能配藥, 流程正規, 價格合理!

出國玩如果不幸受傷, 傷勢嚴重的話應該立刻歸國積極就醫。**另外, 出國前記得做好旅遊意外險的功課!**

智利 . 復活節島

依依不捨的結束四天三夜復活節島之旅，超級難忘的行程！

普孔：來火山湖泊邊度假！

從復活節島回到聖地牙哥要五個多小時的飛行！由於得知聖地牙哥這幾天會有示威遊行，為了避免危險，我們決定租車前往近郊的普孔。普孔位於湖泊與火山旁邊，氣候溫和，是受歡迎的度假村，吸引遊客來爬山、滑雪、跳傘。

在前往普孔路上（離聖地牙哥有800多公里），在馬約里的鎮上享用當地有名小吃Empanada 可以算是阿根廷的國民食物."Empanar" 指的是用麵包包裹的意思～中文可以稱作是 "餡餅",餡料有牛肉,雞肉,火腿,水果等許多不同種類......

我們在普孔租到全新的小木屋別墅，環境悠美，空氣清新，有獨立停車場！最重要的是一個晚上才 67 美金，相當於一個人不到 300 台幣！

普孔在 5 年前，就是 2015 年的 3 月 3 號曾發生火山爆發，剛好五週年！

普孔超熱鬧的沙灘！

第九章：

差點開上「**秘魯**」死亡沿海公路，
怎麼辦？

打破迷思：南美道路基礎建設落後？

```
              Peru
              祕魯
        República del Perú
          2020/3/9~3/28
* * * * * * * * * * * * * * * * *
          旅行花費清單
* * * * * * * * * * * * * * * * *
行程細項                    花費
飲食                       $6,116
住宿                       $4,267
交通費                     $4,467
景點門票                   $4,990
紀念品                         $0
醫藥費                         $0
雜項                         $790

* * * * * * * * * * * * * * * *
總計                     $20,630
天數                         19天
平均一日花費               $1,086
* * * * * * * * * * * * * * * *
秘魯新索尔 (PEN)          S/.2,512
美金 (USD)                  $703
* * * * * * * * * * * * * * * *
```

卡拉爾
Caral
在死亡沿海公路
差點被警察開罰單

我們告別福活節島,前往秘魯。秘魯曾是最大的印加帝國,又孕育南美最古老的文明小北文明。秘魯自然遺產豐富,有安第斯山脈與亞馬遜熱帶雨林。本次旅遊最遺憾的是因為新冠肺炎撤僑,我們的南美之旅中途被迫終止,沒機會拜訪馬丘匹丘!

前往文明的道路總是崎嶇的...

我們的第一站是利馬北方小北文明的卡拉爾遺址。卡拉爾是必須申請專業導遊帶領才能進入的，卡拉爾遺址的名氣雖遜於印加文明的馬丘比丘，但是卡拉爾才是南美洲最古老的城市！事實上馬丘比丘只有短短的幾百年歷史，卡拉爾有超過五千年的歷史。2009年被聯合國教科文組織列為世界文化遺產。

根據考古調查，小北文明沒有出產陶器與藝術品，但有紡織品與宗教信仰。

這個梯形建築叫做「平台式土墩」

秘魯危險的沿海公路
Serpentín Pasamayo [不宜前往]

我們從卡拉爾前往利馬的路上看見一個非常美麗的濱海公路，適合一邊開車一邊欣賞夕陽。我們在濱海公路行駛不久被警車攔了下來，警察告訴我們這一條濱海公路非常危險，不准小客車行進。警察也準備開我們違規的罰單！

我們用Google翻譯（西班牙文）跟警察溝通了很久，跟他說明我們是跟著Google地圖來到這條濱海公路，不知道濱海公路不對小客車開放，我們也不斷的稱讚秘魯的風景跟警察聊天。警察似乎對我們留下好印象，因此終於放我們走，沒開我們罰單！

事後我們查了一下網路，這條濱海公路的確非常危險，道路上完全沒有安全圍欄，一不小心可能開下懸崖，死亡人數很高。雖然南美基礎建設已跟上時代並普及化，但是只要是靠山臨海的公路都很崎嶇，開車風險高要盡量遠離。就連基礎建設完善的台灣，東部也有幾條「死亡公路」。

這也是我們在國外自駕要特別注意的地方，因為Google地圖畢竟對每一個國家的細項不是那麼詳細完整，我們也碰過單行道，可是Google地圖仍然叫我們行進的狀況，所以這是在自駕遊時要非常注意的環節！

祕魯．卡拉爾

利馬
Lima
融合印加色彩與
西班牙天主教文化的神秘首都

利馬是秘魯首都，融合前印加帝國的金碧輝煌與西班牙天主教文化的繁華。利馬古城屬於UNESCO世界遺產，著名景點包含利馬大教堂與武器廣場。我們在利馬訂的民宿位於鬧區附近，三個房間總共45美金，相當實惠。

利馬大教堂
La Basílica Catedral de Lima

利馬大教堂建於西班牙殖民時期，西班牙傳教士為了迎合地方信徒，融合歐式與印加建築，將聖母像加以改造，讓聖母像的五官像本土印加人，穿上印加服飾，配合本土文化。

非常有氣派的大門！

當年取代印加皇帝的西班牙殖民者法蘭西斯克·皮澤洛也安葬於此。法蘭西斯克·皮澤洛於1532年登入秘魯，帶領西班牙人尋找適合建立殖民地首都的據點，成立利馬之後，擊敗印加帝國最後一位皇帝阿塔瓦爾帕。

教堂主壇外有通往地下室的步道，展示人骨遺骸。

武器廣場
Plaza De Armas

西班牙殖民時期建造的廣場在拉丁美洲都統稱為「武器廣場」，因為這些廣場被殖民政府單位包圍，

如果殖民地被襲擊，每棟建築可以提供防御武器，讓廣場變成避難所。秘魯總統府與利馬市政廳都建立在武器廣場。

總統府
Palacio de Gobierno

總統府門口有衛兵，每天正午與傍晚都有交接儀式。

市政廳牆上的雙頭鷹是利馬的徽章。雙頭鷹象徵神聖的羅馬帝國,反映利馬的天主教歷史。

市政廳
Palacio Municipal

市政廳的側面有突出的木框陽台,是用雪松木建造的。這種木框陽台設計起源於阿拉伯,流傳至西班牙,

再被西班牙殖民者帶入利馬。木框陽台可以防止太陽直射房間又提高房間的隱私。利馬武器廣場上的歷史建築普遍都有這樣的陽台。

聖伯多祿聖殿與修院
Basílica y convento de San Pedro

聖伯多祿聖殿與修院1991年例屬於利馬歷史中心，同列為世界遺產。

Desamparados

在利馬總統府右邊的Desamparados是一個古老的火車站，位於里馬克(River Rimac)河邊，在1912年開業營運。

在利馬總統府右邊的Des-amparados是一個古老的火車站，位於里馬克(River Rimac)河邊，在1912年開業營運。

祕魯．利馬

仁慈聖母聖殿與修院
Basílica Menor y Convento de Nuestra Señora de la Merced

這棟修道院有五百年的歷史，巴洛克
建築非常細膩！

聖方濟各聖殿與修院
Basílica y Convento de San Francisco de Lima

利馬多米尼加修道院
Convento de Santo Domingo

聖多明各大教堂和修道院-聖利馬的安息之地

利馬聖玫瑰聖所
St. Rose of Lima

利馬聖玫瑰聖所是建於利馬聖
玫瑰出生和居住地方的一所教
堂，且在那裡建立了一家醫院
治療窮人。在院子裡可看看利
馬聖玫瑰所住的房間及人們在
其中扔硬幣並放入手寫筆記的
井(這是代表祈禱的意思)。

祕魯.利馬

聖馬丁廣場
Plaza San Martín

聖馬丁廣場是1921年為慶祝
秘魯獨立100 週年而建成, 廣
場中央有一尊雕像, 紀念殖民
解放者兼秘魯首任總統--何
塞·德·聖馬丁(José de San
Martin) 將軍。

這座位於近郊的黃金博物館, 堪稱世界上規模最大的私人博物館

秘魯黃金博物館
Museo Oro del Peru

黃金是秘魯珍貴的自然資源,在印加信仰佔有特殊地位。黃金在印加文明的價值超越世俗的財富,它象徵個體與神的關係,身上配戴更多金飾的人越靠近神明。

黃金博物館鎮店之寶
用金鑲嵌板製成的伸出手指的
手，具有硃砂痕跡，並且沒有
裝飾。

鎮館之寶是一尊古老的印加
神像，這是全秘魯唯一的一
件印加神的黃金真品，也是
秘魯唯一的一件超級古董黃
金珍品，價值連城。

擁有金子的人社會階越更高，也更有福氣。印加人認為印加國
王是神的兒子，所以印加國王必須配戴很多金飾。在黃金博物
館可以找到印加人用黃金製作的珠寶、陶器、杯碗、金幣、武
器、紡織品與木乃伊。

另一件鎮店之寶＿印加皇冠

祕魯．利馬

遺址博物館
Museo de Sitio Pucllana

這裡是利馬文化遺址，大型金字塔由沙子與黏土打造，金字塔底下的墳墓有三個成人遺骸。利馬文化是西元200到400年前的古文明，有發展自己的文字與宗教信仰，其影響力侷限於利馬地區。

因為全程為英文講解，我們只能用猜的還有靠谷哥大神了

在利馬首都我們訂的也是一間民宿就在鬧區附近，很熱鬧也有超市，三個房間我們七個人住，總共才$45美金，所以也是相當實惠。到了晚餐時間我們找了附近的一家中國餐館，有肺我們非常愛吃的中國菜、我們點了大蝦及鮑魚！大蝦一只13、鮑魚1只14,蝦子味道還行，令人驚艷的是鮑魚，又大又甜等於一起鮑魚大概才台幣$115左右真是太便宜了！

祕魯.利馬

馬丘比丘朝聖之旅
- 帕拉卡斯半島
Paracas Peninsula
沙漠與海洋的交界

依著秘魯段的泛美公路前進伊卡方向一路往南來到普庫薩納區的小漁村！

普庫薩納區，位於該國西部利馬大區,這裡也有出發前往鳥島的觀光船順帶帶動了小漁村的繁榮,這裡其實也是這一帶的漁貨中心,來到這裡怎能錯過海鮮！

我們在這個海港吃海鮮餐！（說真的！跟基隆比差太多了),但玉米汁超級好喝! 玉米是秘魯產出最多的糧食作物，種類也很多種。

而國民飲料玉米汁是從紫玉米加入其他水果熬煮後再加入肉桂粉。因香料配方及所加入的水果不同也使得其風味有各種變化。這是當地非常普遍的飲料（相當於台灣的手搖茶飲）。

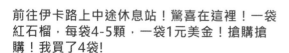

前往伊卡路上中途休息站！驚喜在這裡！一袋紅石榴，每袋4-5顆，一袋1元美金！搶購搶購！我買了4袋!

祕魯．帕拉卡斯

帕拉卡斯國家公園
Paracas National Reserve

秘魯最美麗的地方之一是帕拉卡斯國家公園！這是金色沙漠與蔚藍海洋交彙的地方。 國家公園入場費為100索爾，約830台幣。

沙漠上有貝殼,是不是很神奇?

祕魯.帕拉卡斯

大教堂
La Cattedrale

帕拉卡斯國家公園的「大教堂」其實是1500萬年前形成的海洋沉積物，由矽藻組成，長年堆積成為白色島嶼，外觀有點像歐式教堂的屋頂。

「大教堂」上面有好多海鳥，帕拉卡斯半島有215種候鳥喔！

老公表示：不像教堂啊！

波光粼粼的碧綠色水域及金黃的岩石，為海岸帶來了綺麗的景緻。

普拉亞羅亞海灘
Playa Arquillo

普拉亞羅亞海灘因其偏紅色的海岸而成為帕拉卡斯國家保護區最美麗的海灘之一。

在這裡看日落享受一份獨有的寧靜和喜樂。

伊卡
Ica
見證綠洲中的婚禮

秘魯西南部的伊卡小鎮在沙漠與綠洲之中。特殊的地形與氣候帶給伊卡不一樣的觀光機會，許多年輕旅客喜歡到伊卡玩沙漠滑板與沙漠越野車！

瓦卡奇綠洲
Huacachina

瓦卡奇綠洲中的湖水與房屋被黃色的沙丘圍繞，像海市蜃樓！我們在沙丘上俯瞰瓦卡奇的落日餘暉，在沙漠中牽手漫步，景色如夢似幻！

沙漠的顏色倒不是一成不變的黃，而是隨著陽光與天色變換,踩出的腳印一步一步吃力地前進.....
但對此刻的我們來說，卻是意義重大的，因為我們來到了南美.....

當我們來到站在沙丘上俯瞰Hucachina之時，正是落日餘暉之際，我們在這片沙丘上遲遲不肯離開，想用力記住眼前的美好，日光隱退，Hucachina的燈光成了這片沙漠中的唯一的明亮！

晚上回伊卡市區吃飯，到附近走
走，看到教堂上有婚禮正在進
行！紅毯上灑了米，因為米象徵
豐收，擲米是祝福新婚夫妻一生
富貴，早迎接新生兒！

祕魯．伊卡

納 斯 卡
Líneas de Nazca
尋找那斯卡線的圖騰

我們離開伊卡前往納斯卡,穿越山嶺啞口!那斯卡文明比印加文明更古老,地面上700多幅巨型圖案於西元前2000創造。這些巨大神秘的幾何圖案包括動物植物,最大的繪畫總長為 280 公尺,非常壯觀!

觀景台
Mirador

伊卡前往那斯卡的路上有一座觀景台
Mirador在此觀看台能觀看到 怪手、
樹以及蜥蜴。(每人美金3元，60歲以
上2元)瞭望台在泛美公路上, 這是唯
一可以不坐飛機看到的地點。

那斯卡自費空中之旅

參加的那斯卡小飛機之旅有分兩種行程：全景與半景行程。全景行程機票120美金飛行60分鐘，半景行程80美金飛行30分鐘，兩者都需加上10美金機場稅搭機（如有變動以新價為準）。搭機搭上飛機就可以觀賞神秘。搭上飛機就可以觀賞神秘的納斯卡線！

多數旅客選擇半景行程，但是既然我們都來到納斯卡了，我們希望可以看到全貌，因此選擇全景行程。後來我們後悔，因為小飛機的震動太大，在空中一個鐘頭實在太暈，大家都快吐了！

1994年，納斯卡線被聯合國教科文組織列為世界遺產。
其實地畫本身並不如網路上看到的那麼清楚，需要用眼睛認真的尋找！

飛機在飛行時，前方是看不到的地面的，只能從兩邊窗戶看 Nazca Line，可想而知，為了方便乘客觀看，飛機一定得左右傾斜，這就是不建議吃早餐的原因，帶著既興奮又期待的心情，起飛囉!!

比起納斯卡線本人，我更欣賞沿途令人驚豔的大地，每一秒鐘的地貌都不一樣。

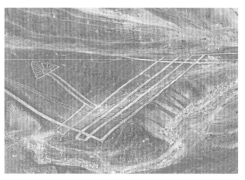

祕魯．納斯卡

中間這條橫貫的公路就是有名的泛美公路Pan-American Highway

在遙遠的古代建造出只有在天空才看到的神秘圖案,實在令人對
這堆線條充滿好奇與疑問...

下飛機為了記住加害我的人,特地
跟機長合照。

開心又完成一項世界遺產的造訪!獲得證書一枚!
飛機臨空高飛的上帝視角,很值得體驗!
又開了次眼界,見識到這世界真是無奇不有,親臨的感受絕非
照片所能取代。

結束暈眩的納斯卡之旅!

結束行程後，我們就到納斯卡小鎮上最舒適的一家餐廳用餐。順利慶祝我們夫妻！倆2020的生日（我和老爺生日只差一天）這家烤肉在當地非常有名且超好吃！且一套餐才台幣200不到，佛心來著！

lacasa de jj餐廳老闆養的腮紅鸚鵡！真的超萌的！

祕魯．納斯卡

蓬塔斯瓜納拉斯國家級自然保護區
Punta Gallinazo

離開納斯卡前進蓬塔加利納
佐，距馬可那市僅10分鐘路
程的島嶼，蓬塔斯瓜納拉斯
國家級自然保護區的蓬塔聖
胡安是一個半島，陡峭的30
米高的懸崖使它難以從上部
進入在斷裂處形成的18個海
灘。除了海獅種群之外還居
住著洪堡最大的企鵝種群。

超級夢幻的海灣,我已不忍離去......

離開保護區由伊卡的馬爾科納區沿著夢幻海濱公路進入阿雷基帕省!

第十章

秘魯驚魂記！
秘魯政府突然宣布戒嚴，
住宿遇到持槍搶劫！？

卡馬那
COVID - 19
歷險開始

我們才剛慶祝完兩人的生日，正在納斯卡的天空翱翔，回旅館在電視上看到秘魯政府突然宣布封鎖陸海空，全國進入戒嚴時期15天。我們卡在一個叫做卡馬納的小鎮，離首都利馬有1000公里，完全沒機會搭上撤僑專機......

幸好我們入住的旅館不貴，一晚套房400台幣。加上旅館有大廳讓我們休閒煮飯使用，頂樓可以曬太陽，曬衣服，運動及欣賞四週景色。關在旅館內沒有這麼辛苦。

嚴格來說我們是幸運的，因為卡馬納小鎮相對比較純樸，雖然路口都有軍警盤查，市場還是運作正常，不像大都市控管更嚴格。雖然所有景點全部關閉，我們在卡馬納可以外出買民生用品。戒嚴期間所有餐廳不開門，所以我們去市場買菜。

今天在市場看到奇特的秘魯美食：天竺鼠肉。為了嚐鮮我們買了兩份，很嫩很香！

秘魯戒嚴第3天老婆開始咳嗽。戒嚴第5天老婆出現第二病徵拉肚子，大家心情越來越沉重。我們立刻與駐秘辦事處聯繫並加入撤僑群組，希望能搭乘專機返台。

在國外看到台灣媒體尖酸刻薄的報導，我們非常無奈又痛心。媒體為了譁眾取寵，說有錢出去玩的人應該待在國外，不要把病毒帶回家。希望本國人在外地自生自滅的心態讓我們心寒。

其實秘魯戒嚴第一週就有一百多位醫護人員隔離，其中甚至有20幾位確診，可想而知狀況有多嚴重。疫情那麼嚴重，誰有心情繼續玩？

還好駐秘辦事處的同仁不斷跟我們打氣保持連絡並想辦法協助我們。在沒有邦交的狀況下，又是軍方領政的系統，真是難為他們。由衷地感謝駐秘辦事處的幫忙！

秘魯戒嚴第7天的深夜，老婆突然爆發火燒心，肺部非常的燙及虛弱。老婆以為自己得新冠肺炎發作，哭了一整晚，連遺書都寫好了。我很心痛不知所措，只能耐心陪伴與安慰。

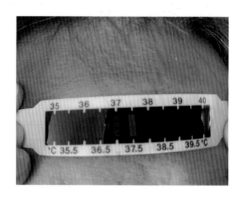

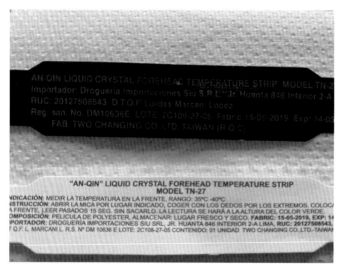

老婆咳嗽擔心染症，為追蹤是否發燒而去買的電子感應式溫度計──MIT，台灣產品無遠佛屆。

寶貝們，媽咪希望可以回去和大家相聚，但今晚狀況卻非常不佳，我希望不是，但今晚氣管灼熱得厲害，萬一不幸，這可能就成了遺言。

這輩子我很幸運遇上爸爸和妳們。我是如此地愛您們，也感謝您們一直容忍著一個不成熟而幼稚的妻子和母親。爸爸對我呵護一輩子，我感恩再感恩，雖然偶有怨言，但我真的很愛他也一直知道他對我的好。親愛的老公，謝謝您。

我的兩位乖巧的女兒，媽咪願把最好的祝福留給妳們，願妳們一生順遂，幸福美滿。媽咪這一輩子任性慣了，也很懂得生活，總把日子過得很精采。雖然未能完成環遊世界的夢想，但也差不多看盡天下美景，嚐盡各地珍饈，此生無憾。

不要難過，微笑向前。請對媽咪放棄急救，火化了把小骨灰帶回去就可以了。請好好照顧爸爸，幫他找一個能照顧他的老伴。謝謝您們，愛您們！

20200321 凌晨　　　芳姿

在醫療不足的國家生病是非常恐怖的事情，因為這邊的醫療根本無法因應以當時的狀況如果們通報了醫院也不會收，只會讓我們原地隔離，可能你就在那裡自生自滅那個後果可想而知……

正當我們討論是否把老婆的病況向相關單位報告時，戒嚴第八天的早上來了好消息。駐秘辦事處幫我們協調到由警察協助我們返回利馬的計畫。但是因為我們還沒取得軍方的路權，有可能在路上會被軍人攔阻，而觸犯秘魯的戒嚴法規！

同行的團員這時也有多方考量。如果利馬疫情比卡馬納嚴重怎麼辦？班機不知要等多久？搭飛機感染的風險是不是更大？大家進行表決後，決定立刻離開卡馬納。警車在門外守候，留給我們一個小時打包行李啟程。

外交部今（24）日例行記者會上，發言人歐江安表示，19日搭乘商業包機離境秘魯共有72位國人，已順利抵達遇阿密。目前秘魯境內尚有約60多位國人，包括團客與自由行散客分散在秘魯首都利馬(Lima) 9人、外省庫斯科(Cusco)市42人、阿雷基帕省(Arequipa) 9人等人。

歐江安指出，部分無法自由行的國人包機離開秘魯的我國旅客，因分散在秘魯各地，當時秘魯國內交通無法通行，以致無法及時搭抵利馬銜接3月19日出發的包機。另有部分國人普表達無需提前離境，盼繼續其在秘魯的行程，外交部尊重他們的旅行意願，但是仍請他們與駐處保持密切聯繫。

外交部指出，目前秘魯已無商業班機起降，對於想離境，因故未能搭上19日包機的國人旅客，我駐處代表處仍將持續尋找其他機會協助排我返臺。

卡馬納小鎮屬於阿雷基帕省。新聞中滯留阿雷基帕省的九人當中就是我們！

從卡馬納開車到利馬將近1000公里，開車時間大約13小時。秘魯晚上有宵禁，晚上八點後不能外出，所以我們必須在中途住一個晚上才有辦法繼續前行。因為各地旅館都是停止營業的，警察特地幫忙我們找住宿，謝謝秘魯警方的協助！

警察一路換班接替，每一個關口我們被拍照記錄，一路下來我們換了七八組的警方人員與警車跟在我們後面。

駐秘辦事處的人員也隨時跟我們手機聯絡，有任何問題可以提供協助，特別感謝。

祕魯．卡馬那

秘魯戒嚴第9天，在警車的護送及監督之下，我們終於在兩天內由卡馬納殺回利馬。我們先入住旅館，等待政府的撤僑專機。

秘魯戒嚴第10天，老婆發現原來身體的狀況是胃食道逆流引起的。老婆吃了胃食道逆流的藥之後狀況改善很多，晚上也不咳嗽了。台灣的家人不斷地打電話跟我們加油打氣，真是感恩！

話說回到利馬的街上真的跟我們3月9號入境的時候差很多！3月9號的時候利馬是天天隨時都在塞車，但是現在的街道上空空如也！每個路口都有軍方荷槍實彈把關著！

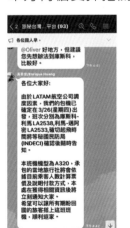

秘魯戒嚴第11天，專機時刻一延再延，期間每天都有壞消息，各國紛紛鎖國、撤僑、病情失控、戒嚴延長、經濟受損。

在秘魯戒嚴第12天，我們遇到半夜驚魂記。我們發現住宿有一人入侵並在搜桌，對方持槍指著要秘魯幣！我們正在思考要如何應付的時候，窗外忽然一聲喇叭聲，搶匪回頭就跑。事後我們發現搶匪留下一串整棟大樓的備用鑰匙，而且住宿大門沒有被破壞的情形。

這件事情有內神通外鬼之嫌。搶匪應該是聽到窗外的喇叭聲，誤以為被警察發現，所以才撤退。我們事後有報警，警察問了一些問題，後來也不了了之。

我們決定趕快搬家！

事後我們也檢討，住宿遇到搶劫，我方是否有疏失？我們因為戒嚴撤僑煩心，沒有多餘的心力研究民宿評價，也沒有挑惕住宿的位置。住宿的安全性取決於民宿評價與地點，我們卻疏忽了。如果當時有認真挑選住宿，或許可以避免這次不好的經驗。

下次出國旅遊可以攜帶門擋，防止外人隨便入侵。

我們連絡了第一晚進住的民宿老闆可有空房讓我們入住, 還好正好有人退房!連絡了有通行証的計程車司機完成搬家, 路上的控管超嚴!(忘了說昨天我們也把租車還了, 因為租車公司也停業, 連絡好久終於處理完畢, 他們戒嚴期間不能開車上路, 所以我們還要開車到他們的指訂地點再搭計程車返回)

我們在新住宿休息, 因為買不到護目鏡, 就參考網路DIY教學, 用印加可樂 inca kola 製作護目鏡!

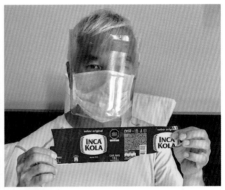

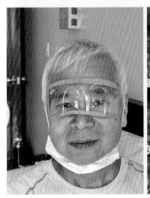

順便品嚐一下印加可樂, 喝起來有點像維他露P。

在秘魯戒嚴第13天，我們終於搭上2020年3月28號的撤僑專機！期間我們又遇上住宿點持槍搶劫，整個撤離過程充滿焦慮與不安。駐秘辦事處的同仁為了能夠讓我們的包機順利啟航，又因為我們沒有邦交所以協同了日本、新加坡、馬來西亞等國的僑胞一起撤離才得到軍方放行。

這次撤離的滯秘魯台灣人總共有55位，其中38人在秘魯東南方的城市庫斯科，另外17人是利馬自由行的散客。包機從庫斯科往利馬再往美國邁阿密，包機從庫斯科《利馬《美國邁阿密，機票無論從庫斯科或利馬出發都是2000美金，平日這班機只要5000台幣。儘管專機的費用非常貴，但是為了生命安全也得回去！

因為民用機場是關閉的，我們坐專車到軍用機場。前方有警察開路引導一路抵達軍用機場。

進入軍用機場，一整排的空機等待各國撤僑人士。

我們也被安排入座，除戴口罩及手套外，距離也都拉開，由利馬航空空姐協助搭機手續，緝私犬也加入檢查行李行列。

這次祕魯包機能夠圓滿成功，完全得力於外交部全體人員的努力，尤其駐祕魯辦事處李岳融代表，黃華俊組長，蔡昀璇秘書及其他長官的不眠不休的努力及合作無間的團隊合作，我們才能順利從祕魯脫困回到台灣。另外這趟包機，政府也提供了國際援助，包括美國，日本，新加坡，馬來西亞人都搭上了這班順風機，日本，新加坡政府都昨晚也發文感謝台灣政府。

但讓我們意外的是我們以為這架班機只有我們和合作的日本、韓國、馬來西亞、新加坡，結果卻有一大群的美國人也上了飛機，所以這個飛機幾乎是滿座的狀態並沒有想像中的梅花座讓我們不由得緊張了起來！而且看得出來各國防疫措施不一！

坐我前面的美國人還咳嗽，慶幸我們有自製防護面罩.....阿彌陀佛.....

一路上六小時，不吃不喝不上廁所.....睡覺.....（還好我沒咳嗽......）

這次防疫我國政府的提早部署，成功經驗舉世聞名，駐外大使館的努力促成國際包機更讓我們覺得自己國家偉大，身為台灣人我們覺得非常驕傲，非常幸福！

經過6個多小時的飛行終於抵達邁阿密機場！到了邁阿密機場，駐邁阿密辦代表處錢冠州處長，陳令欣組長，半夜還到機場來接機，提供我們必要的協助，並準備了三明治，洋芋片，礦泉水讓我們飽餐一頓，真是窩心到了極點。外交部官員的努力，我們感同身受且銘感五內。

祕魯．卡馬那

在疫情嚴重的現在,各國紛紛鎖國很多的航班都已經取消,還好我們的航班是29號凌晨一早飛洛杉磯的不算隔得太遠,本來想在邁阿密機場過夜,但是實在是太冷了!所以我們詢問機場飯店還有房間的狀況下我們住了一晚,美金124元!很貴!但非常時期擔心不小心感冒就慘了,該花的錢還是要花的!就像撤僑專機,利馬飛邁阿密、邁阿密飛洛杉磯,一樣六小時的航程,一個台幣6萬、一個台幣618,差100倍ㄟ……

告別邁阿密!沒想到第一次到邁阿密是在這種狀況下,以後應該再也看不到這麼安靜的邁阿密了!

順利抵達洛杉磯!一樣空空如也!

機場店家只開了兩三家,除了星巴克的飲料,其實食品全部銷售一空,還好我們早有準備,煮水壺、泡麵、干糧一應俱全!不斷地補充溫水保持喉嚨濕潤!

在回國轉機途中又得知原本我們搭乘造訪南極的那艘游輪,在我們的下一個航次航行中也出了事,我們是1/31由阿根廷布宜諾斯艾利斯啟航由大西洋航向福克蘭群島,經南極洲返回烏蘇懷亞再沿太平洋延智利海岸在2/22聖地牙哥下船,共計22天的游輪行程,該船由2/23由智利返回阿根庭,在3/7載度由布宜諾斯艾利斯出發,這個航次原本應該在3/21聖地牙哥結束,但因船上爆發疫情,沿途都不許靠岸,船上已有四人喪生,百餘人染疫....
知道後頭皮發麻,就差一個航次,後果不堪設想……

與船上人員相處了22天,他們親切的服務為我們的行程增色不少,希望他們都平安.....

現在想想真是後怕!我們在遊輪上完全沒感受到外界的疫情已經迅速傳開,我們以為在南美洲是相對安全的,因為那時都還沒有病例呢!這次疫情真的來的又兇又猛!

祕魯.卡馬那

2020年3月29日 11:30

又有郵輪出現疫情? 贊丹號4人喪生 百餘人出現類流感症狀 | 國際焦點 | 國際 | 經濟日報

又有郵輪出現疫情? 贊丹號4人喪生 百餘人出現類流感症狀 | 國際焦點 | 國際 | 經濟日報
money.udn.com

第十一章：結語

這次行程雖因疫情腰斬，但收獲豐富。對國外自由行吸取了太多前輩的經驗，也結交了好多新朋友。

很多人關心我們提前結束的行程是否損失慘重？因為我們是自由行的關係且原先行程長達半年，我們後段的住宿都是未訂的狀態，所以沒有任何損失。原已預訂部分機票，但是因疫情的關係航班也都取消退款，只留了一段原來6月從溫哥華返台的單程機票無法退票但可延期。

由於出國前我們買了不便險，老婆在復活節島受傷的醫藥費、專機一改再改產生的退票費用、搭專機的費用，都可以取得一定金額的補償。

我們搭郵輪造訪領土遼闊的阿根廷，從東北邊熱帶雨林風貌的伊瓜蘇瀑布，再到西北高原的沙漠氣候，一路向南經過安地斯山麓的門多薩酒區及湖區，最後抵達最南端極地氣候的巴塔哥尼亞及火地島，一趟含括這九大必訪之地的旅程跨度將近8000公里，海拔上下縱深4000餘公尺，可謂是一生中必去一次，史詩級的傳奇絕讚旅行體驗！

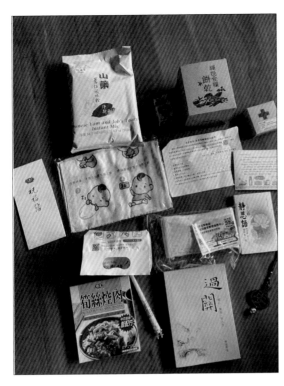

我們的防疫包有「過關」兩字！

回到家中郵箱躺著我們從福克蘭群島寄給自己的明信片「一生平安！幸福美滿！」這八個字在淚水中逐漸模糊.....在此刻感觸最深最深.......

【90 天行程表】

day	日期	摘要	2019/12/31-2020/03/30
1	2019/12/31	ROC	●飛機：台灣出發->LA 跨年
2	2020/1/1	USA	●LA->休士頓
3	2020/1/2	巴西	●休士頓->里約(住)
4	2020/1/3	巴西	里約(住)：●世界十大最美咖啡哥倫布甜點●皇家葡萄牙文閱覽室●天梯教堂
5	2020/1/4	巴西	里約(住)：●塞勒隆階梯●巴西歷史博物館●巴西市立劇院●巴西國家圖書館
6	2020/1/5	巴西	里約(住)：●里約文化中心●現代美術館●科帕卡巴納海灘●電報石●糖麵包山
7	2020/1/6	巴西	里約(住)：●基督像山●視覺藝術學院●科帕卡巴納海灘
8	2020/1/7	巴西	●大巴：里約->san paul (住)
9	2020/1/8	巴西	san paul (住)：●san paul 大教堂●san paul 法院大樓●巴西銀行文化中心●主教座堂廣場●san paul 市政市場●盧茲車站
10	2020/1/9	巴西	san paul (住)：●伊比拉布埃拉公園●拓荒者雕像●san paul 中央公園●蝙蝠俠巷
11	2020/1/10	巴西	san paul (住)：●san paul 商務中心●市立劇院●義大利大廈(最高樓)●san paul 藝術博物館
12	2020/1/11	巴西	●飛機：san paul->(巴西)伊瓜蘇(住)
13	2020/1/12	巴西	伊瓜蘇(住)：●瀑布上、中、下層
14	2020/1/13	巴西	●包車：(巴西->阿根廷)伊瓜蘇(住)
15	2020/1/14	阿根廷	(阿根廷)伊瓜蘇(住)：●伊瓜蘇瀑布
16	2020/1/15	阿根廷	(阿根廷)伊瓜蘇(住)：●伊瓜蘇港●一眼望三國景區
17	2020/1/16	阿根廷	●飛機：(阿根廷)伊瓜蘇->布宜諾(住)●布宜諾斯艾利斯督主教座堂●布宜諾斯艾利斯街頭巡禮
18	2020/1/17	阿根廷	布宜諾(住)：●雷蒂羅火車站●卡瓦娜大廈●聖馬丁廣場●鐘樓公園●布宜諾百年咖啡(tortoni，世界十大最美咖啡廳)●長途巴士站買到 tucuman 車票
19	2020/1/18	阿根廷	布宜諾(住)：●女人橋●玫瑰聖母聖殿 ●尋找瑪法達(打卡點)●大巴：布宜諾->tucuman(住)
20	2020/1/19	阿根廷	tucuman(住)●tucuman 政府大樓●tucuman 郵政大樓●聖弗朗西斯科教堂●省歷史博物館●salta 大教堂●獨立廣場●租車公司租車
21	2020/1/20	阿根廷	●自駕：tucuman->salta(住)●薩爾斯堡主教座堂●salta 大教堂●salta 博物館●salta 巡禮
22	2020/1/21	阿根廷	●9 號公路->jujuy(中餐)->烏瑪瓦卡獨立紀念公園●烏瑪瓦卡(住,humahuaca)
23	2020/1/22	阿根廷	●包車：14 彩虹山(43xx 公尺,阿根廷版的祕魯彩虹山)●tilcara 小鎮巡禮(中餐)●羊駝陶瓷館●瑪雅遺址：印加古道●普爾馬馬(住,7 彩山)
24	2020/1/23	阿根廷	salta(住)：●4170 啞口●salinas grande 鹽田●雲頂火車終點站：san antonio de los cobres●viaducto la polvorilla 火車高架橋(4200 公尺)●羊駝景觀
25	2020/1/24	阿根廷	●68 號公路->quebrada de las con has●ghachipas 景觀●cafayate(住,鎮區巡禮,手工編織包石飾品)
26	2020/1/25	阿根廷	cafayate(住)：●仙人掌區巡禮●酒莊品酒用餐●水源區(瀑布)巡禮(管制不能進)
27	2020/1/26	阿根廷	tucuman(住)：●tafi del valle 中餐
28	2020/1/27	阿根廷	tucuman 還車：●老劇院●大巴(夜)->布宜諾
29	2020/1/28	阿根廷	布宜諾(住)：●大巴半路被攔查(7 人下車受檢 1h，當地乘客沒有)
30	2020/1/29	阿根廷	布宜諾(住)：●中國街●貝爾格拉諾廣場
31	2020/1/30	阿根廷	布宜諾(住)：●bus：la baca(彩繪區、博卡青年足球隊)●雷科萊卡國家公墓●雅典人書店
32	2020/1/31	阿根廷	●太平洋拱廊●郵輪報到上船●住郵輪
33	2020/2/1	阿根廷	●布宜諾啟航
34	2020/2/2	烏拉圭	●烏拉圭：蒙德維迪亞(首都)巡禮:總統府、薩爾沃宮、天主教教堂、太陽劇院、國會大廈、市政廳頂樓、mercado artesanal 市場、獨立廣場、城堡之門、憲法廣場。
35	2020/2/3	阿根廷	●at sea
36	2020/2/4	阿根廷	●(阿)馬德林港：自然歷史博物館、特雷利烏老火車站、james beer 老酒店
37	2020/2/5	at sea	●at sea
38	2020/2/6	英國	●福克蘭 stanley 港：市區巡禮、郵局、historic dockyard museum、lady elizabeth shipwreck 沈船現場、1982 英阿戰爭紀念碑、鯨魚架、gypas cove 保護區(企鵝)
39	2020/2/7	at sea	●at sea->南極
40	2020/2/8	at sea	●at sea->南極
41	2020/2/9	南極	●喬治王島：企鵝、鯨魚、海獅、智利南極工作站

42	2020/2/10	南極	●南極：ancaroca 峽灣、庫佛維爾島
43	2020/2/11	南極	●南極：諾伊麥爾海峽、美國南極科研站、布賴德島
44	2020/2/12	南極	●南極：迪賽普遜島
45	2020/2/13	at sea	●at sea-離開南極->麥哲倫地區
46	2020/2/14	阿根廷	●->比格爾海峽->(阿)烏斯懷雅●晚餐：帝王蟹、聖馬丁大街、監獄博物館●旁邊靠：GREEN PEACE 號
47	2020/2/15	阿根廷	●烏斯懷雅：火地島國家公園、世界盡頭郵局、世界盡頭火車站
48	2020/2/16	智利	●->(智)punta
49	2020/2/17	at sea	●at sea
50	2020/2/18	智利	●->(智)puerto、埃森港
51	2020/2/19	智利	●castro：castro 教堂(世界文化遺產)、nercon 教堂(世界文化遺產)、chilo chonchi 博物館、palafito 七彩高腳屋區、chacao 鎮、綜合市場(海膽、生蚵)
52	2020/2/20	智利	●montt：佛魯迪亞、湖邊歌劇院、維森特佩雷斯羅薩萊斯國家公園(看火山)
53	2020/2/21	at sea	●at sea
54	2020/2/22	智利	sandiego(住)：●valparaiso：彩繪區(世界文化遺產)●ei ancla providencia 海鮮餐廳
55	2020/2/23	智利	sandiego(住)：●barra chalaca 祕魯菜特色餐廳
56	2020/2/24	智利	sandiego(住)：●總統皇宮、sandiego 天主教堂、中央車站
57	2020/2/25	智利	sandiego(住)：●中央市場(世界十大最美市場)、武器廣場、sandiego 大教堂、中央郵局、國家歷史博物館、市政廳
58	2020/2/26	智利	復活節島(住)：●租車、安加羅阿市區、plaza hotumatua、la kaleta 餐廳、塔海祭壇、ahu ko te riku 祭壇、拉諾廓火山口
59	2020/2/27	智利	●復活節島巡遊：ahu tongariki 祭壇、塔海祭壇、阿納克納海灘、普考奧摩艾像、moai paru 摩艾像、光之體、petroglifos papa vaka 遺址、ahu tongariki 祭壇、摩艾採石場
60	2020/2/28	智利	●復活節島巡遊：東加里尼祭壇、奧龍戈祭祀古村遺跡、鳥人祭壇、haka honu 餐廳
61	2020/2/29	智利	飛機->sandiego(住)：●租車
62	2020/3/1	智利	康賽普西翁(住)：●馬約李鎮(吃餡餅)
63	2020/3/2	智利	pucon(住)：●比亞里卡
64	2020/3/3	智利	pucon(住)：●韋爾克韋國家公園->比亞里卡湖
65	2020/3/4	智利	pucon(住)：●維利亞卡火山
66	2020/3/5	智利	sandiego(住)
67	2020/3/6	智利	sandiego(住)：●聖荷賽德邁波
68	2020/3/7	智利	sandiego(住)：●跳蚤市場、蔬果市場
69	2020/3/8	智利	sandiego(住)：●聖克里斯托瓦爾山、聖母山、estacion mapocho 建築物(舊火車站)、la vega central 市場●還車
70	2020/3/9	祕魯	●飛機 ->lima(住)
71	2020/3/10	祕魯	lima(住)：●武器廣場、lima 主教座堂、總統府、市政廳、總主教宮、聖彼得教堂、desamparados 火車站、仁慈聖母聖殿、舊城區郵局、聖方濟聖殿、多米尼加修道院、利馬聖玫瑰聖所、聯合街、聖馬丁廣場
72	2020/3/11	祕魯	lima(住)：●黃金博物館、parque ei faro de la marina 燈塔、huaca pucllana 遺址
73	2020/3/12	祕魯	lima(住)：●卡拉爾(世界文化遺產)->templo de todes las religiones(serpentin pasamayo 危險海岸公路(禁止小客車通行))
74	2020/3/13	祕魯	ICA(住)：●租車自駕->普庫薩納區漁港(中餐)->paracas 國家公園->
75	2020/3/14	祕魯	ICA(住)：●修賽一天，瓦卡奇納綠洲看夕陽
76	2020/3/15	祕魯	馬爾科納(住)：●納斯卡(小飛機,世界文化遺產)->蓬卡斯瓜納拉斯國家自然保護區->
77 ~ 81	2020/3/16 ~ 2020/3/20	祕魯	camana(住)：●祕魯戒嚴
82	2020/3/21	祕魯	ICA(住)
83	2020/3/22	祕魯	lima(住：1)
84 ~ 88	2020/3/23 ~ 2020/3/27	祕魯	lima 青旅(住) ●還車
89	2020/3/28	USA	●飛機：lima->邁阿密
90	2020/3/29	USA	●飛機：邁阿密->LA->台北(3/30)

驢友-自駕闖世界

南美篇：巴西、阿根廷、南極、智利、秘魯
/「COVID-19秘魯歷險記」

國家圖書館出版品預行編目(CIP)資料

驢友-自駕闖世界. 南美篇：巴西、阿根廷、南極、
智利、秘魯/COVID-19秘魯歷險記 / 楊吳鵬作. -- 初版.
-- 基隆市：楊吳鵬, 民110.02

面；　公分

ISBN 978-957-43-8518-8(平裝)

1.遊記 2.南美洲

756.9　　　　　　　　　　　　　　　　110000487

作　者：楊吳鵬

出版者：楊吳鵬

美編、插畫：Ariel SJ Chen Studio

地　址：基隆市安樂區安一路111號3樓

電　話：02-2429-3031 / 0920-612-467

電子郵件：p913985@yahoo.com.tw

出 版 年 月 ：110年02月

版 次：初版

定 價：新台幣369元。

ISBN ： 9789574385188 (平裝)

白象文化事業有限公司代理經銷